스티브 잡스의 서재

에듀크라운
www.educrown.co.kr

서문

　책이나 신문 같은 인쇄매체는 스크린에 의해 점령당했다. 20세기 후반과 21세기 초반은 스크린이 어떻게 인쇄매체의 영향력을 파괴하고 대체해왔는지에 대한 역사라 해도 과언이 아니다. 뤼미에르 형제가 1895년 시네마토그라프를 공개 상연하면서 인류는 영화라는 스크린을 처음 접하게 된다. 하지만 영화는 매체 접근성이나 효과의 지속성 면에서 한계가 있었다. '활동사진'이라 불리는 눈요깃거리에 불과했다.

　사람들의 생활을 바꾼 1세대 스크린은 TV였다. 1920년대 말 처음 등장했지만 TV가 안방을 차지한 것은 20세기 후반이었다. 라디오와 책에 익숙했던 사람들은 금방 TV의 매력에 사로잡혔고 이후 스크린은 개인화의 길을 걷는다. 그 시발점이 2세대 스크린으로 불리는 PC다. TV가 온 가족이 거실에서 공유하는 스크린이었다면 PC는 개인이 독점하는 매체였다. 개인화가 더욱 심화된 제품은 휴대폰, 그중에서도 3세대 스크린으로 불리는 스마트폰이다. 사람들은 스마트폰을 통해 뉴스를 보고 광고를 접하며 엔터테인먼트 정보를 얻는다.

　2세대·3세대 스크린 혁명을 이끈 주인공이 바로 애플의 창시자, 스티브 잡스다. 그는 애플 컴퓨터와 아이폰·아이패드의 성공을 통해 인쇄매체의 몰락을 가속화시켰다.

PC를 인류가 만들어 낸 가장 위대한 창조물로 보았던 스티브 잡스는 PC와 TV의 경계를 분명히 했다. 그에게 TV는 두뇌를 끌 때 사용하는 매체였고 PC는 두뇌를 켤 때 사용하는 기기였다.

하지만 만년의 스티브 잡스는 애플TV를 업그레이드한 iTV를 통해 1세대 스크린까지 장악하려 했다. 병마가 그를 죽음으로 몰아가지 않았다면 그는 모든 세대의 스크린의 발전과 비약을 완성한 인물로 기억되었을 것이다. 그 와중에 몰락의 길을 걸어왔고 침울한 미래에 신음하고 있는 인쇄매체 입장에서 잡스는 '공공의 적'이다.

신기한 사실은 스티브 잡스가 인쇄매체를 매우 좋아했고 또한 효과적으로 활용했다는 점이다. 그는 1985년 플레이보이지와 인터뷰에서 가장 좋아하는 것이 책과 초밥이라고 했다. 1995년 스미소니언 연구소와의 인터뷰에서도 어려서부터 책 읽기를 가장 좋아했다고 밝혔다.

당시에는 아이폰과 아이패드가 출시되기 이전이었지만 이미 애플 컴퓨터와 매킨토시가 널리 퍼진 이후라는 점을 감안하면 의외다. 그는 아이패드가 출시된 이후에도 휴가 때면 좋아하는 책을 다운로드 받아 읽곤 했다.

스티브 잡스는 어떤 책을 읽었고 어떤 책에 감동을 받았을까? 그 책들은 스티브 잡스라는 독특한 인물이 탄생하는데 어떤 영향을 미쳤을까? 이런 질문은 자연스레 '스티브 잡스의 서재는 어떻게 구성되어 있었을까?'라는 의문으로 이어졌다.

태어나자마자 생부와 생모에게 버림받아 입양되었던 스티브 잡스가 스스로를 '환경주의자'라고 칭했다는 점을 고려하면 간접 경험의 산실인 서적이 그에게 미친 영향은 상당했을 것이다. 특히 잡스는 소수의 책에 선택적 노출을 했고 그의 리스트에 들어온 책을 집중적으로 읽었다. 어떤 책은 평생을 곁에 두고 매년 한 번씩 읽기도 했다. 그만큼 그는 책이라는 인쇄매체에 강하게 반응했고 기업가로 성공한 후 인터뷰에 응할 때도 방송보다 인쇄매체를 중시했다.

잡스는 인터뷰 도중 왕왕 그가 탐독했던 서적들을 밝혔지만 그 리스트는 불완전했다. 그가 읽은 책들의 내역을 모두 보여주는 정보는 없다. 아마 그 정보는 영원히 공개되지 않을 수도 있다. 하지만 잡스의 공식전기 작가인 월터 아이작슨 덕분에 잡스가 어떤 책을 읽었는지, 특히 주요 사상의 형성기인 10대 중후반에 어떤 책들에 심취했었는지 대강이나마 알 수 있게 되었다.

나는 잡스가 읽은 책의 리스트를 얻게 되자 궁금증이 생겼다.
잡스는 이 책들에 얼마나 큰 영향을 받았을까? 그 궁금증을 푸는 방법은 그를 따라 똑같은 책을 읽는 수밖에 없었다. 그와의 공감지수를 늘리기 위해 그가 읽었던 대로 영문 원본을 텍스트로 택했다. 책을 읽어갈수록 재미있는 일들이 생겼다. 그의 기괴한 세계관, 행동거지, 식습관 등을 이해할 수있는 실마리들이 튀어나오기 시작한 것이었다. '혹시 나의 억측이 아닐까?' 하는 걱정도 들었지만 진도가 나갈수록 어느 정도 확신이 생겼다.

잡스가 왜 그토록 산책을 사랑했는지, 그의 죽음에 대한 인식은 어떻게 형성되었는지, 그의 독특한 식단은 무슨 영향을 받았는지, 그가 지향한 리더십 모델은 무엇이었는지, 그가 수술을 거부한 이유가 무엇이었는지를 이해할 수 있는 단초가 보였다. 그 생각들을 혼자 담고 있기에는 너무나 아쉬웠다. 나무 한 그루 아깝지 않은 책을 만들어 낼 자신이 생겼고 그래서 크라운출판사의 문을 두드렸다. 책을 출간하는데 힘써주신 크라운출판사 직원분들께 감사드린다.

이 책은 잡스가 읽은 서적과 그의 인생에 대한 퍼즐 맞추기 게임이다. 내 나름의 유추와 판단으로 퍼즐을 맞추어 보았지만 얼마나 정답에 근접할지 감히 장담할 수는 없다. 그 답은 잡스의 머리 속에 있었지만 이미 그는 이 세상을 떠나고 없기 때문이다. 그의 아내 로렌 파월이 힌트를 줄 것 같지도 않다. 퍼즐 맞추기 게임을 하며 우리 사회도 스티브 잡스 같은 혁신가를 만들어 내는 방안에 대해 고민해 봤으면 한다.

월터 아이작슨이 없었다면 『스티브 잡스의 서재』는 기획되지도 못했을 것이다. Thank you 아이작슨. 육아와 가사로 고생하는 아내 혜정, 든든한 아들 동영, 귀여운 딸 소정에게 사랑의 마음을 전한다.

저자 김태규

목차

프롤로그
Jobs학사전1 – 스티브 잡스와 8人의 은인 ·············· 24

PART 01 ▶ Steve Jobs와 리더십
01 『리어왕』 ·············· 35
02 『모비딕』 ·············· 40
03 『리어왕』, 『모비딕』과 잡스의 리더십 ·············· 47
Jobs학사전2 – 스탠퍼드 대학 ·············· 59

PART 02 ▶ Steve Jobs와 종교
01 『지금 이곳에 존재하라』 ·············· 75
02 『한 요가 수행자의 자서전』 ·············· 79
03 『선신초심』 ·············· 85
04 『우주의식』 ·············· 89
05 스티브 잡스와 종교 ·············· 96
Jobs학사전3 – 작명법 ·············· 103

PART 03 ▶ Steve Jobs와 다이어트
01 『작은 지구를 위한 식습관』 ·············· 114
02 『디톡스 식습관의 치유 체계』 ·············· 121
03 잡스의 다이어트 ·············· 129
Jobs학사전4 – 일본과 한국 ·············· 140

PART 04 ▶ Steve Jobs와 비즈니스

01 『혁신기업의 딜레마』 ·································· 145
02 기업의 영속성 ··· 158
03 Closed vs Open ······································ 165
Jobs학사전5 - MBA ······································ 173

에필로그

01 Stay Hungry, Stay Foolish ························· 177
02 『스티브 잡스의 서재』를 마치며 ··················· 184
03 스티브 잡스의 코드 ·································· 196
Jobs학사전6 - 자동차 ··································· 207

Index ·· 210
참고문헌 ·· 212

프롤로그

> 특히 흥미로운 점은
> 잡스가 자신의 생활과 사고에 대해
> 우리에게 몇 가지 수수께끼를 남겨놓았다는 사실이다.
> 전기작가인 월터 아이작슨에게도 분명하게 말하지 않고
> 가슴에만 품고 있다가 세상을 떠난 모양이다.

프롤로그

| Steve Jobs Code |

스티브 잡스가 어떤 사람인지 대강은 알았지만 그 세세한 모습은 그의 공식 전기인 월터 아이작슨의 『스티브 잡스』를 읽고 나서야 알게 되었다.

책을 다 읽고 나서 든 생각은 잡스가 정말 나쁜 인간이라는 점이었다. 여자친구를 마약의 길로 들어서게 했으며 어렵게 대학 등록금을 마련한 부모님을 입학식에 못 오게 하고 파트너인 스티브 워즈니악에게 사기를 치고 식당 여직원이나 서비스맨들을 못살게 굴었으며 애플 초창기 멤버이자 절친한 친구를 스톡옵션에서 배제했다.

회사도 인격말살식 경영 방법으로 운영해 아랫사람들에게 무리한 데드라인과 주7일 근무를 강요했고 남의 아이디어를 자신의 것인 것처럼 가로챘으며 픽사 애니메이션 스튜디오의 공동 창업자였던 앨비 레이 스미스가 잡스의 전유물인 화이트보드에 글을 썼다는 이유로 공식 웹사이트나 기록에서 그의 흔적을 없애 버리기도 했다.

그중 최악은 그의 딸 리사에 관한 것이다. 자신의 불행한 과거사에도 불구하고 잡스는 리사가 딸이라는 사실을 부정했다. 더 나아가 딸의 친모를 '헤픈 여자'로 만들려고도 했다. 그래서 리사 모녀는 이사를 13번이나 하는 힘든 생활을 감내해야만 했다. 후일 주식 공개를 통해 떼부자가 되기 직전에야 이사회의 제안으로 리사에게 최소한의 양육비와 주거를 제공하기로 하고 이를 확정하는 서명까지 받아 놓았다. 주식부자가 된 뒤 리사 어머니가 거액의 보상금을 요구할까봐 신경 쓰였나 보다.

리사와 그의 아내 로렌 파월의 평가는 더욱 가관이다. 리사는 잡스와의 일본 여행 중 장어초밥을 먹으며 단란한 저녁 시간을 보낸 추억을 "아버지는 심지어 인간적이기까지 했다"고 술회했다. 뼈있는 말이다. 그의 아내 로렌 파월이 월터 아이작슨에게 전기를 부탁하며 했던 말도 압권이다. "그의 인생과 성격에는 극도로 지저분한 부분이 있어요…… 스티브는 조작이나 왜곡에 능하긴 하지만……" 내 아내에게는 절대로 듣게 하고 싶지 않은 말이다.

스티브 잡스는 토마스 에디슨이나 알렉산더 그레이엄 벨과 어깨를 나란히 할 정도의 위대한 인물로 평가된다. 하지만 내 딸이 그와 같은 인간을 사위 후보로 데리고 온다면 나는 심각하게 고민할 것이다. 로렌 파월처럼 10조 원이 넘는 유산을 물려받는 자리라고 할지라도 말이다.

하지만 그의 인간성과는 무관하게 잡스는 위대한 인간이었다. 그는 천재였다. 학자, 발명가, 예술가 등 전형적인 범주에 속하진 않지만 그는 새로운 스타일의 21세기형 천재였다. 1975년 동업자 스티브 워즈니악이 키보드 작동으로 모니터에 글자가 타이핑되는 혁신을 이룬 순간 그의 생각은 곧바로 네트워킹(인터넷)으로 발전했다. 80년대 이미 서적 크기의 매킨토시의 가능성을 발견했고 이를 위해서는 터치 스크린과 평판 디스플레이가 필수적임도 알고 있었다.

| 스티브 잡스가 없었으면 어땠을까? |

그렇다고 해도 우리는 지금 아이튠스 스토어에서 다운받은 음악을 아이팟으로 듣고 아이폰으로 구입한 앱으로 게임을 하며 아이패드로 동영상 편집을 하고 있을까? 알 수 없는 일이다. 역사에 가정은 없는 법이다. 하지만 잡스가 없었다면 지금과 같이 혁신적인 형태의 아이팟, 아이폰, 아이패드는 우리 곁에 없었을지도 모른다. 위대한 제품에 대한 잡스의 집념과 열정은 인정해 줘야 한다.

그 집념과 열정 덕분에 우리는 훨씬 진화된 디지털 라이프를 누리고 있다. 그의 인간성이 그의 성과를 가늠하는 기준이 될 수는 없다.

처음 그의 전기 표지에 실린 사진을 보았을 때 그는 멋있고 샤프해 보였다. 당연한 일이었다. 그는 그토록 위대한 제품을 연속적으로 만들어 놓은 사람이었으니까……. 하지만 책을 읽어갈수록 그의 얼굴을 보고 있는 것이 역겨웠다. 가식덩어리 인간쓰레기처럼 보였다. 그에게 모욕당하고 무시당하며 멸시받은 사람들이 얼마나 괴로웠을까? 미국은 의외로 안전한 나라라는 생각도 들었다. 총기 소지가 허용되지만 잡스를 권총으로 위협한 사람은 없었으니 말이다.

잡스가 읽었다는 책들을 일독하고 『스티브 잡스의 서재』를 쓰기 직전 다시 한 번 그의 전기를 읽을 때도 비슷한 생각이었다. 하지만 두 번째로 책을 읽어 갈수록 그가 다시 보이기 시작했다. 최소한 그의 열정과 집념은 인정해줘야 했다. 단기적인 수익성이나 현금흐름보다 훌륭한 제품을 만드는 것이 중요하다고 생각한 그의 진정성과 일관성은 출중한 것이었다. 특히나 그가 읽은 책을 따라 읽다 보니 그의 기행 중 일부는 이해가 되기 시작했다.

그의 인간적인 괴로움, 삶과 죽음에 대한 유별난 인식, 섭생에 대한 독특한 이해가 선천적으로 타고난 성정과 위대한 제품에 대한 열정으로 뒤범벅되어 스티브 잡스라는 희대의 영웅을 탄생시켰던 것이다.

특히 흥미로운 점은 잡스가 자신의 생활과 사고에 대해 우리에게 몇 가지 수수께끼를 남겨놓았다는 사실이다. 전기작가인 월터 아이작슨에게도 분명하게 말하지 않고 가슴에만 품고 있다가 세상을 떠난 모양이다.

다빈치 코드처럼 거창한 것은 아니지만 '스티브 잡스 코드'라고 명명해 본다. 일부는 우리가 알고 있다고 생각하지만 더 깊은 뜻이 있고 일부는 우리가 아직 제대로 파헤쳐보지 못한 지점들이다.

잡스는 왜 회사 이름을 애플이라고 지었을까?
잡스는 왜 막내 딸 이름을 이브라고 지었을까?
잡스가 산책에 그렇게 집착한 이유가 뭘까?
잡스는 왜 씻지 않아도 냄새가 나지 않는다고 생각했을까?
잡스가 췌장암 판정을 받고도 바로 수술을 받지 않은 이유가 뭘까?
잡스가 죽음의 순간 무엇을 보았길래 '우와(Oh-wow)'라고 세 번이나 외쳤을까?

내가 스티브 잡스 코드 모두에 대한 정답을 가지고 있다는 것은 아니다. 특히 잡스의 마지막 순간은 추측만 할 뿐 확인할 방도가 없었다. 하지만 잡스가 읽은 책들을 따라가다 보면 어느 정도 해결의 실마리가 보였.

잡스가 읽었던 책들을 정리해 보면 다음 표와 같다.

제목	원제	저자	주제
리어왕	King Lear	윌리엄 셰익스피어	문학
모비딕	Moby Dick	허먼 멜빌	문학
지금 이곳에 존재하라	Be Here Now	리차드 앨퍼트(람 다스)	종교
어느 요가수행자의 자서전	Autobiography of a Yogi	파라마한사 요가난다	종교
우주의식	Cosmic Consciousness	리차드 모리스 벅	종교
초감 트룽파의 마음공부	Cutting Through Spiritual Materialism	초감 트룽파	종교
라마크리쉬나와 제자들	Ramakrishina and His Disciples	크리스토퍼 이셔우드	종교
선신초심	Zen Mind Beginner's Mind	스즈키 순류	종교
하얀 구름의 길	Way of the White Clouds	라마 고빈다	종교
디톡스 식습관의 치유 체계	Mucusless Diet Healing System	아르놀트 에렛	영양
이성적인 단식	Rational Fasting	아르놀트 에렛	영양
작은 지구를 위한 식습관	Diet for a Small Planet	프랜시스 무어 라페	영양
혁신기업의 딜레마	An Innovator's Dilemma	클레이턴 크리스텐슨	IT

 사실 스티브 잡스가 심취했던 책들을 따라 읽는 일이 쉽지는 않았다. 그 리스트는 난해했다. 지루한 종교서적이나 다이어트에 관련된 책이 다수 포함되어 있었기 때문이다. 서점에 가서 바로 구입할 수 없었을 뿐만 아니라 분량이나 내용면에서 원서로 독파하기 상당히 부담스러웠다. 우리말로 번역되지 않은 책들도 여럿 있는 듯했다.

그래도 뜻이 있으면 길이 있다. 계획을 잘 세워서 잡스의 정신세계가 밟아온 길을 추적하노라면 그가 쉬었다 간 표식이 보였고 그의 흔적을 읽을 때마다 다시 힘을 내서 따라갈 수 있었다.

우선 평소 스티브 잡스에 대해 관심이 많지 않았다면 월터 아이작슨이 저술한 그의 공식전기 『스티브 잡스』를 읽어보길 권한다. 영어로는 600페이지, 한글로는 900페이지에 달하는 매우 두꺼운 책이지만 잡스 자신과 그의 가족을 비롯해 가까운 지인들이 적극 협조한 작품인만큼 정보량이 많고 재미있기도 하다.

그 다음은 잡스가 10대 때 좋아했다던 『리어왕』과 『모비딕』이다. 『리어왕』은 내 수준에서 영어로 읽기가 거의 불가능했다. 그래서 잡스가 읽은 책 중 유일하게 한글로 읽었다. 『모비딕』은 한마디로 고래 백과사전이다. 두 서적은 의지가 매우 강한 리어왕과 아합 선장이 등장한다. '잡스가 이들의 리더십을 보면서 어떤 생각을 가졌을까?' 질문해 가며 읽어 나간다면 흥미가 배가될 것이다.

그 다음 잡스가 리드 대학에 머물며 동양종교에 푹 빠졌을 때 읽었던 일군의 정신서적들 차례다. 『지금 이곳에 존재하라』, 『어느 요가수행자의 자서전』, 『우주의식』, 『선신초심』, 『초감 트룽파의 마음공부』 등이다. 『지금 이곳에 존재하라』는 잡스가 직접 심오하다고 이야기했던 책이고 『어느 요가수행자의 자서전』은 그가 평생을 가까이 두고 읽었던 책이다.

그의 친구 대니얼 콧키에 따르면 그가 가장 큰 영향을 받은 서적 중 하나가 『선심초심』이다. 이와 더불어 『우주의식』은 재미있는 포인트를 전해 준다. 이 책은 그가 사과에 심취한 이유를 이해할 수 있는 실마리를 제공한다(최소한 나는 그렇게 읽었지만, 판단은 열려있다).

세 번째 부류는 섭생에 관해서다.
잡스는 고등학교 때부터 채식을 즐겼지만 『작은 지구를 위한 식습관』을 읽고 평생 육식을 끊기로 결심했다. 그리고 『디톡스 식습관의 치유 체계』와 『이성적인 단식』을 통해 단식과 극단적인 과일 위주의 다이어트에 대한 확신을 가진다. 인간의 신체에 대한 독특한 이해와 산책의 중요성에 대해서도 섭생에 관한 책이 영향을 미쳤다. 공기나 태양을 에너지원으로 여기는 태도는 동양종교의 영향도 어느 정도 가미되었다.

잡스는 이 시대 최고의 IT회사를 세웠지만 IT에 관련한 서적을 탐독한 스타일은 아니었나 보다. 그가 IT와 관련해서 읽었던 것으로 알려진 서적은 고등학교 때 접했던 무료 장거리 통화 기술, 즉 블루 박스에 대한 기사와 실리콘 밸리의 성서라고 알려진 『혁신기업의 딜레마』가 전부다. 『혁신기업의 딜레마』는 기존의 엘리트 비즈니스맨들의 경영방식에 대한 안티테제다. 컨설팅과 시장조사에 기반한 수익성 위주의 경영전략이 실패할 수밖에 없는 이유를 연구한다.

그렇지 않아도 컨설팅과 시장조사를 신뢰하지 않았던 잡스에게 『혁신 기업의 딜레마』는 큰 위안이 되고 자신의 입장을 더욱 강화할 수 있는 정신적 알리바이로 작용했을 것이다. 그리고 그 책에서 기업의 영속성에 대한 고민을 이어갔다.

『스티브 잡스의 서재』도 상술한 흐름을 따라 그가 읽은 서적 리스트를 리더십, 종교, 다이어트, 비즈니스 4가지로 나누고 각 파트로 구성했다.

이와 더불어 스티브 잡스를 더 잘 이해할 수 있는 책으로 『아이콘(iCon)』, 『인사이드 애플(Inside Apple)』, 『잡스처럼 일한다는 것(Inside Steve's Brain)』 등이 있다. 잡스의 초기 활약을 소개하고 있는 책으로는 『아이워즈(iWoz)』, 『작은 왕국(The Little Kingdom)』, 『괴짜들의 승리(Triumph of the Nerds)』 등이 있다.

잡스에 대해 최근 발간된 책 중에서 개인적으로는 『아이콘』이 가장 좋았다. 아이작슨의 『스티브 잡스』에 비해 훨씬 부족한 정보량에 기반했지만 전체적인 흐름을 매우 정확하게 집어내고 있다. 특히 『아이콘』은 잡스에 대해 가장 비판적인 책 중 하나다. 『아이콘』을 읽으면서 '아이작슨의 『스티브 잡스』가 과연 잡스에 대해 중립적이었는가?'라는 의문이 생기기도 했다.

아이작슨 스스로가 "잡스에게 미리 보여주지도 않았고 잡스에 대한 나쁜 내용도 들어가 있다"고 선언해 중립성을 암시했다. 하지만 그 또한 잡스의 현실왜곡장에 어느 정도 영향을 받지는 않았을까 하는 생각이 들었다.

잡스를 영입했던 애플의 CEO 길 아멜리오와 PDA 뉴턴에 대한 엇갈리는 평가, 아이튠스의 론칭 과정에서 발생했던 구린 일화 등을 보면 『아이콘』과 『스티브 잡스』는 대척점에 서 있다. 비교해서 읽어보는 것도 재미있다.

잡스가 읽었던 책들을 독파하고 아이작슨의 『스티브 잡스』를 다시 한 번 읽어보길 권한다. 처음 읽을 때 다가오지 않았던 부분이나 느끼지 못했던 감정들을 가지게 될 거다. 이와 병행해서 잡스의 동생 모나 심슨이 오빠의 인생을 빗대어 저술한 『보통 남자(A Regular Guy)』를 읽으면 잡스의 인간적인 모습을 유추하는데 도움이 된다.

잡스의 생각을 잘 나타내는 인터뷰와 연설도 많다. 그중에서 1985년 플레이보이지와의 인터뷰, 1995년 스미소니언 연구소와의 인터뷰, 2005년 스탠퍼드 대학 연설이 중요하다. 모두 인터넷에서 쉽게 구할 수 있는 내용들이다. 다른 인터뷰도 인터넷이나 'http://allaboutstevejobs.com/'에서 접할 수 있다. 그의 전기에 등장하는 매킨토시 팀 초기 멤버들뿐만 아니라 잡스가 젊었을 때 얼마나 공격적이었고 전투적이었는지 눈으로 직접 확인할 수 있다. 그의 프레젠테이션도 유튜브에 떠돌아다닌다. 1984년 매킨토시 발표에서부터 2000년대 들어 아이팟, 아이폰, 아이패드 행사까지 발표장에서 그의 진면목을 볼 수 있다.

프롤로그에서 제안한 '스티브 잡스 따라 읽기' 방식은 나의 제안일 뿐 정답은 아니다. 잡스의 리딩 리스트에 내가 모르는 책이 있었다든지 아니면 누군가 잡스를 따라 읽는 더 좋은 방법을 발견한다면 새로운 길을 개척하기 바란다. 그리고 공유하길 바란다. 나 또한 그 길을 따라 걸어가며 잡스가 남긴 사상적 표적과 그의 인간적 흔적을 새롭게 느껴보고 싶다.

스티브 잡스와 8人의 은인

스티브 잡스의 인생을 따라가다 보면 참으로 기묘한 인연이 많다. 특히 '이 사람들이 없었다면 우리가 아는 잡스는 불가능했다'고 단정지을 수 있을만큼 중요한 은인들이 유독 많이 등장한다.

제일 첫 은인은 그를 입양해 준 부모님 폴 잡스와 클라라 잡스, 그중에도 아버지 폴 잡스다.

폴 잡스는 고등학교조차 졸업하지 못했지만 뛰어난 손재주로 차량의 수리와 튜닝에 재능을 갖고 있었다. 전자제품에 대해서도 전문 지식은 없었지만 본능적으로 그 기능과 활용법을 이해하고 있었으며 자신의 양아들 잡스에게 기계와 전자제품을 자연스레 소개시켜 주는 역할을 했다. 초등학교 저학년 때 말썽꾸러기 아이를 보듬어 주었고 보다 나은 중학교에 진학시키기 위해 주거지를 옮겨 다녔으며 엄청난 등록금의 사립대에 아들을 입학시키기 위해 평생 모은 재산을 쏟아붓기도 했다.

잡스는 대학 첫 학기가 시작한 지 몇 주 만에 자퇴를 하고 말았다. 하지만 그가 끝까지 학교를 다닌다고 우겼더라도 폴 잡스는 집을 팔아서라도 아들의 뒷바라지를 했을 것이다. 만약 폴 잡스가 알코올중독자였던 자신의 아버지처럼 잡스를 강한 훈육과 강제적 교육으로 제압하려 들었다면 잡스의 성정을 감안할 때 잘못된 길로 빠졌을 가능성이 100%다.

잡스 본인이 공언했듯 초등학교 4학년 때 선생님 이모진 힐(Imogene Hill)은 그의 인생에서 두 번째 성자(saint)였다.

그녀는 말썽꾸러기 잡스를 자청해서 맡았고 그에게 합당한 인센티브를 제공해 잠재력을 끌어낸다. 잡스는 "그녀 밑에서 평생 배운 것보다 더 많은 것을 배웠다"고 회상했고 4학년이 지나 시험을 봤을 때 고등학생 수준으로 성장해 있었다. 잡스는 그녀가 없었다면 자신은 전과자로 전락했을 것이라고 스스로 단언했다.

세 번째 은인은 스티브 워즈니악(Steve Wozniak)이다.

컴퓨터 천재였던 워즈니악 없이 애플은 성공할 수 없었다. 또한 회사의 첫 제품 애플I과 대중시장 최초의 데스크톱 컴퓨터였던 애플II가 빛을 볼 수 없었을 것이다. 워즈니악의 입장에서도 잡스가 은인이기는 매한가지다. 잡스의 결단력과 마케팅 능력, 협상력이 없었다면 그의 천재성은 그저 몇몇 컴퓨터 동호인의 칭찬 속에 빛이 바래고 말았을 것이다.

잡스는 1985 플레이보이지와의 인터뷰에서 본인과 워즈니악 두 명 모두가 애플의 성공을 위해서는 필수적이었다고 회고했다. 둘 중 한 명이라도 없었다면 성공할 수 없었다는 의미다. 그러나 회사 설립 직후 애플에는 워즈니악이 잡스보다 훨씬 더 중요한 인물이었다. 1970년대 중반 잡스 수준의 마케터와 기업가는 대체가 가능했고 그 정도의 능력과 열정을 지닌 이는 잡스가 아니라도 찾을 수 있었을 것이다. 반면 워즈니악 같은 천재는 대체 불가능했다. 잡스가 또 다른 워즈니악을 만날 가능성은 극히 희박했지만 워즈가 또 다른 잡스를 만날 가능성은 어느 정도 열려 있었고 이는 워즈니악 아버지의 생각이기도 했다.

네 번째 은인은 벤처 캐피털리스터 마이크 마쿨라(Mike Makkula)다.

1976년 잡스는 투자를 유치하기 위해 안간힘을 쏟았지만 투자자들은 변변한 사무실도 없이 부모님 집 차고에서 뚝딱거리던 젊은이들을 외면했다. 하지만 마쿨라는 이들의 가능성을 단번에 알아보고 5년 안에 포춘 500대 기업의 반열에 들어설 것임을 단언하며 25만 달러를 투자했다.

현재 가치로도 3억 원에 육박하는 금액이었으니 당시에는 어마어마한 액수였다.

아직 벤처 캐피털리스트 시스템이 완비되지 않았던 당시 마쿨라의 선견지명이 없었다면 지금 우리의 뇌리 속에 애플은 단지 사과로만 남아있었을지도 모른다. 매킨토시, 아이팟, 아이폰, 아이패드도 외계 언어였을 것이다. 초기에 애플에 합류했던 대니얼 콧키도 비슷한 평가를 내렸다. 그는 "마쿨라가 없었다면 어느 순간 모든 것이 무너질 수도 있었다. 첫 상품이 괜찮았지만 쓰러진 다른 기업들이 얼마나 많은가?"라고 회상하며 마쿨라를 애플의 세 번째 창립자로 불렀다.

이후 마쿨라는 잡스와 같이 일하면서 아버지와 같은 역할로 그를 인도했다. 하지만 1985년 잡스가 자신이 영입한 애플 대표이사 존 스컬리와 대립할 때 마쿨라는 스컬리 편을 들었고 1997년 잡스가 복귀한 후 그는 이사회에서 사임했다.

다섯 번째 은인은 픽사의 위대한 애니메이션 작품들을 탄생시킨 존 래스터(John Laster)다.

래스터가 없었다면 잡스는 픽사에 투자했던 5,000만 달러 모두를 잃었을 것이다. 디즈니가 〈토이 스토리〉를 위해 픽사와 협력한 것도 순전히 래스터의 능력을 믿었기 때문이고 픽사의 기업 공개가 성공해서 잡스가 대박을 낸 것도 래스터의 〈토이 스토리〉가 대성공을 거두었기 때문이다.

〈벅스 라이프〉, 〈토이 스토리2〉, 〈니모를 찾아서〉 등 래스터가 손대는 작품은 모두 관객을 열광시켰고 결국 디즈니가 픽사와 굴욕적인 조건으로 합병하도록 만들어 잡스에게 엄청난 부를 안겨주었다.

여섯 번째 은인은 그의 아내 로렌 파웰(Laurene Powell)이다.

성격상 잡스는 많은 사람들과 문제를 일으켰다. 아랫사람뿐만 아니라 윗사람조차 그의 성격을 참아내지 못했을 정도였다. 어디 그뿐인가? 대학교 때 절친한 친구로 인도순례 여행에 동행했던 대니얼 콧키, 동업자 스티브 워즈니악과도 문제가 생겼고 거의 의절 수준까지 이르렀다. 이런 사람을 두고 우리는 성격파탄자라 부른다.

아무리 부유해도 성격파탄자와 살기는 쉽지 않은 법이다. 특히 파월이 잡스를 만나 결혼한 1990년대 초는 잡스가 어려움을 겪고 있을 때다. 애플에서 쫓겨나 시작했던 넥스트와 픽사는 모두 잡스 주머니에서 돈만 잡아먹는 하마였고 상황이 나아질 기미가 보이지도 않았다. 하지만 파월은 잡스의 곁에서 자녀 셋을 낳으며 끝까지 그를 보살피는 천사 역할을 했다. 잡스가 2009년 합법적으로 간이식 수술을 받아 2년여 정도 생명을 연장한 것도 많은 부분 그녀 덕분이었다.

심지어 파월은 피 한 방울 섞이지 않은 의붓딸인 리사에게도 따뜻하게 대했다고 한다. 속사정까지 다 알 수는 없겠지만 그녀와 같이 살았고 잡스와 리사의 관계가 소원할 때도 둘을 화해시키려고 노력했다. 금융업 출신에 미국 최고 명문대학에서 MBA를 수학하고 사업적으로도 성공한 인재가 모든 것을 포기하고 가정으로 돌아와 군소리 없이 아이들을 보살피며 훌륭하게 남편을 보필했다는 점은 대단한 일이다.

리사가 잡스의 집에 들어왔던 1992년은 잡스와 로렌이 결혼해 아들 리드가 돌을 맞는 해였다. 이때 로렌이 28살, 리사는 14살로 둘 사이는 딱 14살 차이였다. 띠동갑 정도의 수준이다. 아무래도 부모간의 나이차로 받아들이기는 힘들었을 것이다.

1982년 27살의 잡스는 밥 딜런의 연인이자 세계적 포크송 가수였던 조안 바에즈(Joan Baez)와 몇 년 동안 사귀기도 했는데 당시 잡스의 나이가 27살, 바에즈가 41살이었다. 자신에게는 연애감정이 생기는 나이차를 로렌에게는 자식과의 나이차로 받아들이라고 강요한 셈이었다.

하지만 로렌은 모범답안처럼 행동했고 리사를 잘 보살폈다.

그녀의 고등학교 행사에 참여한 것도 대부분 로렌이었다. 40대나 50대가 즐비했을 고등학교 학생들의 학부모 모임에 홀로 20대(혹은 30대 초반)으로, 그것도 피한 방울 섞이지 않은 아이의 행사에 참여하는 일이 보통이었겠는가? 더구나 어린 아이를 키우는 입장이 아니었던가?

만약 잡스가 파월처럼 의지가 강하고 남편의 변덕스러움과 어려운 성격을 받아줄 만큼 훌륭한 배우자를 만나지 못했다면 그의 성공기는 훨씬 짧아졌을지도 모른다. 실제 잡스는 1991년 그녀와 결혼한 이후 모든 일이 잘 풀렸다. 픽사는 대박이 났고 디즈니가 거액에 인수했다. 또한 넥스트를 애플에 매각해서 애플 CEO로 복귀할 수 있었다.

잡스가 별세하기 얼마 전 마이크로소프트의 빌 게이츠가 그의 집을 방문했을 때 뒷문을 통해 부엌문을 열었더니 막내딸 이브가 식탁에서 공부를 하고 있었다고 한다. 우리 옆집 이야기 같지 않은가? 억만장자의 가정을 평범한 사람의 것처럼 운영할 수 있었던 것은 전적으로 파월의 덕이다.

일곱 번째 은인은 조니 아이브(Jonathan Ive)다.
아이브는 천재적인 디자인 감각을 바탕으로 아이맥뿐만 아니라 아이팟, 아이폰, 아이패드 등 회사의 거의 모든 중요 하드웨어의 디자인 콘셉트를 완성시켰다. 아이브는 1990년 초반부터 애플에서 일하고 있었지만 잡스가 복귀한 1997년경 애플을 떠날 것을 고민하고 있었다. 그의 디자인 재능을 충분히 발휘하지 못하고 있었기 때문이다.
하지만 잡스가 애플을 다시 책임지게 되면서 아이브의 재능을 곧바로 알아보았고 그의 천재성을 충분히 활용했다. 수석 디자이너이자 부사장인 아이브가 없었다면 아이맥, 아이팟, 아이폰, 아이패드는 다른 모양이었을지도 모른다. 특히 아이팟에서 이어져 온 순백색의 콘셉트는 아이브의 독창적인 아이디어였던 것으로 인정받고 있다.

잡스의 마지막 은인은 그를 이어 회사를 맡은 팀 쿡(Tim Cook)이다.

쿡은 1990년대 후반 애플에 합류해 음지에서 조용히 회사를 이끄는 2인자의 역할을 완수하며 애플의 비약적인 발전에 기여했다. 잡스가 암 치료 때문에 회사를 떠났을 때나 2011년 사임했을 때도 그의 빈자리는 팀 쿡의 몫이었고 쿡은 어려운 임무를 훌륭히 수행해 왔다는 평가를 받고 있다.

조직의 2인자가 얼마나 중요한지는 잡스와 카리스마 충돌을 일으켰던 마이클 아이즈너를 보면 쉽게 알 수 있다. 그는 1984년 위기에 봉착했던 디즈니사 회장으로 취임한 이후 10년 동안 회사를 정상궤도에 올려놓아 최고의 CEO라는 찬사를 들었다. 2인자 프랑크 웰스가 있었기 때문에 가능한 일이었다. 하지만 웰스가 1994년 헬기 추락사고로 사망하자 아이즈너는 웰스를 대체할 인물을 찾지 못했고 그의 경영도 내리막길을 걷기 시작했다. 그는 결국 잡스와 충돌하다 2005년 불명예스럽게 퇴진했다. 창의적이고 카리스마 넘쳤던 아이즈너는 능력 있는 2인자가 지근거리에서 보좌한 10년 동안 최고의 CEO였지만 2인자 자리가 비었던 10년 동안은 최악의 CEO로 기억되었다.

잡스가 2000년대 들어 아이튠스, 아이팟, 아이폰, 아이패드 등 혁신적인 상품 개발에 자신의 창의적인 노력을 다할 수 있었던 것도 '운영의 귀재' 쿡이 있었기에 가능했다.

8인의 은인에 들지는 못했지만 만약 아홉 번째 은인을 뽑아야 한다면 아마도 그 몫은 텔 아비에 테바니언에게 돌아갔을 것이다. 그는 잡스가 넥스트 컴퓨터를 운영할 때 합류해 넥스트스텝 개발을 주도했고 나중에 맥 OS X('텐'이라고 읽음)의 개발과 실행을 이끌었다.

애플이 1996년 넥스트와 합병해서 얻은 것은 넥스트스텝이 아니라 테바니언이라는 평이 있을 정도다. 그의 역할은 이후 아이팟, 아이폰, 아이패드의 성공에 관건적이었다는 평가를 듣기도 한다. 잡스가 그에게 고마워해야 할 이유가 한 가지 더 있다.

그건 테바니언이 잡스의 총각파티를 해줬다는 사실이다. 시끌벅적한 모임이 아니라 잡스를 포함해 세 명의 단출한 모임이었지만 테바니언이 아니었다면 그는 총각파티도 없이 결혼했을 것이다. 신랑 들러리 설 사람도 마땅치 않았으니까 말이다.

그 외에도 사소하지만 중요한 은인들이 있다. 워즈니악이 후에 애플I이 될 기판을 HP의 상사에게 보여줬을 때 그가 그 가능성을 알아봤다면 워즈니악은 그의 바람대로 HP가 애플II를 만들었을 것이고 당연히 애플은 시작하지도 못했을 것이다.

이외에도 고분 치노가 선불교에 귀의하려던 잡스를 말리지 않았다면(잡스는 나중에 종교에 귀의하지 않은 것이 올바른 선택이었다고 회고했다), 바이트 샵 주인이 애플I 구매를 결정하지 않았다면 최고의 기업 애플의 탄생은 애초부터 불가능했다.

잡스는 1985년 애플에서 쫓겨난 것이 결과적으로 자신에게 큰 기회였다고 말했다. 그렇다면 그를 쫓아낸 존 스컬리(John Scully)에게도 감사해야 할 것이다. 로렌 파월이 잡스의 은인이 될 수 있었던 것은 티나 리지가 그의 프러포즈를 거절했기 때문이다. 잡스가 리지와 결혼했다면 잡스는 파월이 제공한 정서적 안정감과 헌신적 지지를 얻지 못했을 것이고 그랬다면 그의 인생은 완전히 달라졌을 것이다.

마지막으로 빼놓을 수 없는 사람이 조지 루카스의 아내다. 그녀가 루카스와 이혼을 하지 않았다면 잡스는 픽사를 인수할 기회가 없었을 것이고, 그의 성공은 훨씬 제한적이었을 것이다.

잡스라는 거대한 인물이 나올 때까지 이렇게까지 많은 이들이 도움을 주었다. 일부는 따뜻한 마음과 인내로 그를 참아내며 성원해 주었고 일부는 의도하지 않았지만 결과적으로 잡스에게 큰 행운을 제공했다.

PART 01 *Steve Jobs*와 리더십

> 반면 『모비딕』의 아합이
> 보여주었던 목표에 대한 집념과 전일적인
> 통제를 접하며 X이론 리더십에 대해 마음을 열지 않았을까?
> 더구나 고아로 설정된 아합은 자신과의
> 교집합이 많은 캐릭터였다.

Steve Jobs와 리더십

개인의 인성 형성 과정에서 선천적인 유전자(nature)와 후천적인 환경(nurture)의 기여 부분에 대한 논란은 인류의 가장 오래된 논쟁거리 중 하나다. 학자들마다 의견이 상이하고 아직 모든 사람의 동의를 얻을 수 있는 결론에 도달하지도 못했다. 다만 두 가지 요소 모두 중요한 인성 결정 요인이라는 점에는 이견이 없다.

리더십은 인성 가운데에서도 매우 흥미로운 분야다. 리더십의 유형·근원·행사 방식에 대한 수많은 연구가 진행되었지만 우리의 지식은 아직 단편적이기만 하다.

스티브 잡스는 자신의 공식전기 집필자인 월터 아이작슨에게 생물학적인 뿌리에 대한 궁금증 때문에 생모를 찾았다고 고백했지만 1985년 플레이보이지와의 인터뷰에서는 유전보다 환경을 더 믿는 측이라고 밝혔다.

유전론자가 아닌 자칭 환경론자인 스티브 잡스의 인성은 어떻게 형성되었을까? 특히 '사람을 들들 볶고 극도로 통제지향적'이었던 그의 리더십은 누구로부터 영향을 받았을까? 나는 그가 10대에 읽었던 두 권의 책을 주목했다. 잡스는 홈스테드 고등학교 고학년 때 영국의 위대한 극작가 윌리엄 셰익스피어의 『리어왕』과 미국 소설가 허먼 멜빌의 『모비딕』을 탐독했다.

그는 플라톤을 읽고 그 사상에 영향을 받았다. "플라톤의 스승인 소크라테스와 한 나절을 보낼 수 있다면 나의 모든 기술을 다 내어주겠다"고 큰소리쳤지만 구체적으로 어떤 서적을 읽었는지는 알 수 없다.

『리어왕』과 『모비딕』은 희대의 걸작이다. 영국의 여류 소설가 에밀리 브론테의 『폭풍의 언덕』과 함께 영문학 3대 비극으로 손꼽힌다. 특히 두 작품에는 카리스마 넘치고 의지력이 강한 리더가 등장한다. 10대 중반의 잡스가 『리어왕』의 리어왕과 『모비딕』의 아합 선장을 읽으며 어떻게 리더십에 대한 자신의 생각을 정립해 갔을까? 그것이 이 파트의 주제다.

01_『리어왕』

『리어왕』은 보통 사람이 영문으로 읽기 거의 불가능한 희곡이다. 그다지 길지도 않고 영문학사에 길이 남을 걸작이라 지은이가 쓴 원어대로 읽어 보고 싶었지만 이내 포기하고 한글 버전을 택했다. 그도 그럴 것이 이 희곡은 1605년경에 쓰여졌다. 우리나라로 치면 임진왜란이 끝난 직후고 중국은 명나라가 인도는 무굴제국이 지배하고 있을 때다. 아무리 우리 말이라고 해도 400년 전에 쓴 글이 술술 읽히겠는가?

영문학을 전공하지 않은 이가 이 글의 의미를 제대로 파악하고 읽어내기는 불가능하다는 결론을 내릴 수밖에 없었다. 『스티브 잡스의 서재』는 잡스의 생각을 따라가기 위해 그가 읽었던 언어를 따랐는데 『리어왕』은 유일한 예외였다. 잡스가 고등학교 때 어떻게 『리어왕』의 원문을 읽어나갔는지 신기했다. 혹시 이해하기 쉽게 현대영어로 변형된 버전을 접한 것은 아닐까하고 생각해보기도 했다. 어차피 그가 영문학을 전공할 것은 아니었으니까.

여하튼 『리어왕』은 로마가 영국을 침입하기 전 고대 브리튼을 배경으로 한 레어왕 전설에 기반해 셰익스피어가 극화한 내용으로 그의 4대 비극 중 하나로 꼽힌다. 아일랜드 출신의 유명한 극작가이자 소설가인 조지 버나드 쇼는 "그 어떤 누구도 『리어왕』보다 더 훌륭한 비극을 쓸 수 없을 것"이라며 칭송했다.

『리어왕』은 연극을 위해 쓰여졌지만 영화로 만들어지기도 했고 그 비극적 구조는 수많은 문학작품에 영향을 미쳤다.『대부』3편에서 마피아 세계를 은퇴하려던 마이클 꼴레오네는 큰 형의 사생아를 후계자로 삼았다가 딸의 주검을 끌어 안고 슬퍼했는데 이는『리어왕』의 내러티브와 유사하다.

제시카 랭, 미셸 파이퍼, 제니퍼 제이슨 리가 세 딸로 분해 연기했던『1000에이크』역시 세 딸이 등장하는『리어왕』의 구조를 그대로 차용했다. 이 영화는 퓰리처상을 받았던 동명 소설의 이야기 전개 방식을 충실히 따랐다.

| 시놉시스 |

고대 브리튼의 늙은 왕 리어는 자리에서 물러나 세 딸에게 영토를 나누어주고 자식들에 기대어 안락한 노후를 맞이하려 한다. 문제는 어떻게 영토를 분할하느냐였는데 리어왕은 세 딸을 불러 자신을 얼마나 사랑하는지 확인한 후 왕국을 배분하기로 했다. 요즘 말로 하면 충성 콘테스트 혹은 효심 배틀을 통해 상속비율을 정하려 한 것이다.

첫째 딸 고네릴과 둘째 딸 리건은 리어왕이 듣고 싶은 말을 들려준다. 그들은 가식적인 문장을 통해 세상 그 무엇보다 아버지를 사랑한다고 말해 리어왕의 환심을 사는데 성공한다.

반면 가장 멋진 고백을 기대했던 막내 딸 코델리아는 '세상에서 리어왕에 대한 그녀의 사랑을 비할 데가 없고 말로는 표현할 수 없다'는 짧고 비정치적인 언변으로 끝맺는다.

이에 격분한 리어왕은 코델리아에 대한 상속권을 폐지해버리고 그녀의 언니들에게 왕국을 반분해준다. 충신 켄트가 나서 재고(再考)를 요청하자 리어왕은 그마저 추방했고 코델리아는 스스로의 육체까지 먹어 치우는 시디아의 야만인에 비유하며 프랑스 왕에게 시집보내 버린다. 쉬운 말로 호적에서 파낸 셈이다.

리어왕은 그를 호위하는 기사 100명과 함께 첫째 딸과 둘째 딸의 영토에서 번갈아 지내겠다고 선언했다. 하지만 한 국가를 좌지우지하던 그와 그의 딸도 보통 사람들과 다를 바 없었다. 리어왕은 마치 퇴직금을 죄다 상속받은 후 등돌린 자식들에게 버림받은 노인과 같은 상황을 맞았다. 원하는 바를 이룬 첫째 딸과 둘째 딸이 이내 본색을 드러냈기 때문이다.

그들은 왕좌에서 물러나 힘 없는 리어왕을 노골적으로 핍박했다. 호위 기사의 수를 줄이라고 압박하며 서로에게 부양의 의무를 떠넘기자 리어왕은 그제야 후회하며 광야를 헤맨다.

한편 리어왕의 신하 글로스터 백작에게는 적자 에드가와 서자 에드먼드가 있었는데 에드먼드가 간계를 부려 백작이 에드가를 내쫓게 만들었고 글로스터 백작도 눈이 뽑히는 형벌을 받게 되었다.

에드가는 자신의 신원을 감추고 자살하려는 부친을 보호하지만 눈먼 아버지는 오래지 않아 세상을 떠나고 만다. 충신 켄트는 변장을 하고 신분을 숨긴 채 리어왕을 돕고 코델리아는 프랑스 군대를 이끌고 영국으로 출정 와 아버지를 정성으로 간호하지만 프랑스군은 에드먼드가 이끄는 영국군에 패하고 리어왕과 코델리아는 포로로 잡힌다. 이에 에드먼드는 두 사람의 처형을 명한다.

에드먼드의 운명은 정점을 향해 치닫는다. 큰 딸 고네릴과 둘째 딸 리건 모두 에드먼드에게 연정을 품었기 때문이다. 리건의 남편은 이미 죽었고 고네릴도 자신의 남편을 죽이고 에드먼드와 결혼하길 바라고 있었다. 하지만 에드먼드의 운은 금방 스러진다. 두 자매 간 사랑 경쟁이 너무 심해져 고네릴이 자신의 여동생을 독살하고 자신도 자살하고 만다.

에드먼드도 에드가와의 결투에서 패배해 죽음을 맞는다. 죽기 직전 그는 리어왕과 코델리아의 처형 명령을 취소했지만 코델리아는 이미 숨을 거둔 후였고 리어왕 역시 코델리아의 시신을 안은 채 세상을 등진다. 충신 켄트 역시 자살하는 것으로 암시되고 에드가와 고네릴의 남편 알바니 공작이 새로이 브리튼을 이끈다. 사실 주요 주인공은 죄다 죽었기 때문에 두 사람 외에는 달리 나라를 이끌 이도 없었지만 말이다.

| 윌리엄 셰익스피어 |

영문학 역사상 최고의 작가로 손꼽히는 윌리엄 셰익스피어(William Shakespeare)는 1654년 4월 잉글랜드 중부에 있는 작은 마을인 스트랫퍼드 어폰 에이번에서 태어났다. 그는 장갑 제조업자이자 읍장까지 지낸 아버지 존 셰익스피어와 부유한 지주집안의 딸이었던 어머니 메리 아덴 사이에서 8남매 중에 셋째였고 생존한 자녀 중 장남이었다.

출생 지역에서 교육받은 셰익스피어는 18세에 8세 연상인 앤 해서웨이(Anne Hathaway)와 결혼해 6개월 후인 1583년 5월 첫 딸 수잔나를 낳았다. 속도위반이었던 셈이다. 셰익스피어는 1585년 이란성 쌍둥이가 태어난 후 고향을 떠나 행적이 묘연하지만 1592년부터 그의 연극이 런던에서 공연된 점을 미루어 보아 늦어도 1590년대 초반에는 런던에서 활동하기 시작한 것으로 보인다.

1590년대 10년 동안 사극과 희극에 주력해 우리에게 잘 알려진 『한여름 밤의 꿈』, 『베니스의 상인』 등을 만들었고 『로미오와 줄리엣』으로 비극에 대한 재능을 보였다. 17세기 들어 그는 『리어왕』을 비롯해 4대 비극작품인 『햄릿』, 『멕베스』, 『오셀로』를 발표했다. 그의 비극은 뛰어난 스토리로 연극적인 재미를 선사했을 뿐 아니라 인간의 다양한 모습에 천착했다.

그는 인간을 선과 악, 외양과 실재, 말과 진실, 사랑과 질투 등이 섞인 모순 덩어리 존재로 묘사했다. 그의 노력은 17세기 초반 유럽에 팽배했던 '인간의 재발견' 분위기 속에서 절정을 이루었다. 그래서 그의 연극들은 여전히 상연되고 있고 영화로 만들어지기도 했다. 모순의 복합체라는 인간 본질은 여전히 변하지 않는 숙제이기 때문이다.

또한 그의 후배들 중 많은 이들이 셰익스피어형 인간에 감화받고 그의 흔적이 남아있는 캐릭터들을 양산했다. 그가 세상을 떠난 지 400년 가량 지났지만 아직도 그에 대한 새로운 연구가 계속되고 있다.

『모비딕』을 저술한 허먼 멜빌도 그중 한 명이다. 셰익스피어는 작가나 예술가뿐 아니라 스티브 잡스 같은 기업가에게도 영향을 미쳤다. 임진왜란 전후 조선의 사상가나 문장가 중 우리에게 영향력이 남아있는 사람이 있는지 생각해 보면 셰익스피어의 무게가 새롭게 다가온다.

02_ 『모비딕』

『모비딕』은 허먼 멜빌이 1851년에 발표한 책으로, 10월 런던에서 『고래(The Whale)』라는 타이틀로 처음 출판되었고 다음 달에 뉴욕에서 『모비딕』이라는 이름으로 미국시장에 등장했다. 모비딕은 '큰 놈', '큰 녀석' 정도의 뜻이다. 멜빌이 심혈을 기울인 역작이었지만 처음 이 소설이 출간되었을 때 기존 소설의 정형을 무시하는 파격적인 형식 때문에 비판가들을 매우 당혹하게 만들었고 독자들의 반응도 냉랭했다.

　총 135장으로 구성된 『모비딕』에는 중간중간 이야기 전개를 방해하는 갖가지 고래에 관련된 리포트가 등장하고 고래잡이와 관련된 사소한 사실들과 속어 등도 자세히 소개된다. 고래의 역사, 고래잡이의 구체적인 과정, 고래에 대한 인류학적·생물학적 설명 등 한마디로 고래백과 사전이다. 꼭 필요한 줄거리는 한 30장 정도 되나 싶다.

　주인공들이 쫓아가는 거대한 흰 고래 모비딕은 36장에 그 이름이 처음 등장하고 실제 모습을 드러내는 것은 글의 마지막 부분 잠깐이다. 모비딕을 쫓는 아합 선장도 16장에 가서야 처음 이름이 나오고 실제로 등장하는 것은 28장에서다. 하지만 책을 다 읽고 나면 묘한 여운이 남는다. 남태평양에서 거대한 고래를 쫓아가는 지도자와 그의 추종하는 바다 사나이들 사이의 온갖 이해와 욕구, 역관계와 투쟁이 인간과 우리 삶에 대한 비극적 통찰로 이끌어 간다.

　익숙한 분석 아닌가? 그렇다. 그의 책에서는 『리어왕』 냄새가 난다. 어떤 챕터는 『리어왕』을 그대로 옮겨놓은 듯한 느낌이 들기도 한다. 아합 선장의 광기는 리어왕을, 아합 선장 곁에 있는 피프는 리어왕을 따라다니는 어릿광대를 연상시킨다. 『리어왕』보다는 낫지만 『모비딕』도 매우 읽기 힘든 책이다. 젊은 스티브 잡스가 어떤 생각으로 이 난해한 책을 좋아했을까? 그가 시사했듯이 아합 선장 때문일 것이다. 뒷부분에서 살펴보겠다.

재미있는 사실 하나는 세계적 커피 체인점인 스타벅스(Starbucks)가 『모비딕』에 등장하는 중요인물 중 하나인 1등 항해사 스타벅(Starbuck)에서 유래되었다는 점이다. 스타벅스 창립자들은 원래 모비딕을 쫓는 모선인 피쿼드(Pequod) 호의 이름을 따려고 했지만 이들 중 한 명이 피쿼드가 소변(pee)를 연상시킨다고 반대하는 바람에 스타벅으로 합의했다.

그들로서는 현명한 선택이었다.

피쿼드는 원래 북아메리카 원주민 부족이었는데 백인에게 저항하다 부족 전체가 몰살당한 경우라고 한다. 커피 체인점의 이름을 피쿼드로 지었다면 현실에서 인디언 부족이나 소설에서 포경선의 운명처럼 침몰하고 말았을지도 몰랐을 게다. 반면 스타벅은 진지하고 훌륭한 리더로서 자연에 대한 경외와 포경선 선원으로서 필요한 용기 사이에 균형점을 잡고 있는 인물이었다. 그는 소설에서 아합 선장의 카리스마에 대항하는 거의 유일한 인물로 그려진다.

『모비딕』은 멜빌 생전에는 별로 주목 받지 못한 소설이었지만 멜빌이 죽은 지 30년이 넘은 1920년대에 레이몬드 위버(Raymond Weaver)라는 학자가 그를 재발견하면서 사정이 달라졌다. 멜빌은 셰익스피어나 단테에 비견될 만큼 칭송 받기 시작했고 『모비딕』은 미국 문학사상 최고라는 평가를 받았다. 위버가 없었다면 스티브 잡스가 『모비딕』과 리더십 넘치는 아합을 접했을 리가 없다. 또한 많은 이들이 즐겨 찾는 스타벅스 커피 전문점 이름은 스타벅스가 될 수 없었을 것이다.

| 시놉시스 |

  화자인 이스마엘은 뉴욕 맨해튼에서 온 젊은 친구다. 상선을 타고 항해한 경험이 있는 그는 포경선을 타보기로 결심하고 뉴 배드포드로 와서 여관에 투숙하는데 동숙한 폴리네시아 원주민과 친해진다. 원주민과 함께 포경선 피쿼드 호로 향하는데 '엘리야'라는 신비스러운 사람이 나타나 아합 선장과 함께한다면 앞으로 큰 문제가 발생할 것이라고 예언하지만 이스마엘은 그 충고를 따르지 않는다.

  피쿼드 호에 탑승한 이스마엘은 선장 아합에 대한 정보를 듣게 된다. 그는 모비딕이라는 거대한 향유고래를 사냥하다 한쪽 다리를 잃고 같은 향유고래종의 턱뼈로 만든 의족을 착용한 카리스마 넘치는 지도자였다. 아합의 목적은 고래를 잡아 선주의 이익에 봉사하는 게 아니라 모비딕을 쫓아 자신의 다리를 잃고 다짐한 복수를 완수하는 것이었다. 모비딕을 처음 발견하는 사람에게 스페인 금화를 주겠다는 포상금까지 제시하며 대서양에서 희망봉을 돌아 인도양을 거쳐 태평양에 다다른다.

  다른 배 선장의 아들이 실종되어 공동수색을 요청 받았을 때도 그는 단호하게 이를 거절했다. 사람의 생명이 걸린 일이었지만 그의 목표는 모비딕뿐이었다. 마침내 태평양 적도 근처에서 모비딕을 따라잡았을 때 1등 항해사 스타벅은 아합의 개인적인 복수전을 중단하고 귀향하자고 마지막으로 건의하지만 묵살당한다. 그는 잠시 반란을 생각해 보지만 결국 아합 선장의 의중을 따른다.

모비딕과의 사투를 위해 세 척의 보트가 모비딕을 추격하지만 두 척이 파손당해 모선으로 귀환하고 아합 선장이 이끄는 보트만 남는다. 아합은 모비딕에게 작살을 명중시키지만 작살 줄이 자신의 목을 휘감는 바람에 모비딕을 따라 물속에서 딸려들어가 유명을 달리한다. 모비딕이 피쿼드 호를 들이받자 모선은 가라앉기 시작하고 아합의 보트도 침몰하는 배의 소용돌이에 갇혀 이스마엘을 제외한 모든 선원들이 수장되고 만다.

이스마엘은 아합이 실종선원 공동수색에 나서기 거부했던 바로 그 포경선에 의해 구조된다.

| 허먼 멜빌 |

허먼 멜빌(Herman Melville)은 1819년 뉴욕에서 부유한 무역상 집안의 8형제 중 셋째로 태어났지만 그가 10대 초반일 때 아버지가 거의 파산상태로 사망하면서 정상적인 학교생활이 힘들어졌다. 8명의 자녀 중 셋째로 유복한 집에서 출생했으나 가세가 기울어 대학에서 정규교육을 받지 못한 점, 그리고 사후에 훨씬 더 후한 평가를 받았다는 점에서 셰익스피어와 멜빌은 닮았다.

이후 그는 단락적으로 교육을 받으며 생계를 돕기 위해 농장일, 은행 잔심부름, 교사, 무역선 선원 등의 다양한 업종에 종사하다 20대 초반에 포경선을 타고 남태평양으로 나갔고 1844년 군함의 수병이 되어 보스턴으로 돌아왔다. 그 4년의 항해 동안 멜빌은 여러 포경선을 타고 바다를 누볐으며 남태평양의 식인 마을에서 지내기도 했다. 원주민들이 친절한 것인지 아니면 축제를 위해 자신들의 살을 찌우는 것인지 모르는 상황에서 탈출해 그 경험을 바탕으로 『타이피족(Typee)』과 『오무(Omoo)』를 출간했다.

『오무』를 발간했던 1847년 8월 그는 메사추세츠주 재판장의 딸인 엘리자베스 쇼와 결혼해 뉴욕에 정착했다. 그는 첫 두 소설의 성공에 고무되어 1849년 종교, 정치, 인간 본성과 우주 등 복잡한 주제를 엮은 실험적 소설 『마디(Mardi)』를 발표했지만 대중은 이를 외면했다. 그는 소설의 실패로 인한 재정적인 곤란을 만회하기 위해 해양모험소설로 돌아가 1849년 『레드번(Redburn)』, 이듬해 『하얀 재킷(White Jacket)』을 출간하며 대중적 인기를 만회했다.

아내 엘리자베스가 아들을 낳았고 모험소설 4권이 잘 팔리는 행복한 상황에서 그는 메사추세츠주에 농장을 구입했고 그 농장에서 착수한 소설이 『모비딕』이다. 멜빌은 그의 농장 주위에 살았던 『주홍글씨』의 저자 나타니엘 호손(Nathaniel Hawthorne)과 교류하며 깊은 영향을 받았고 이를 반영하기 위해 탈고를 늦추면서까지 문제의식 가득한 『모비딕』을 세상에 선보였다.

『모비딕』은 처음에는 잘 팔렸지만 이내 판매량이 바닥을 쳤다. 독자가 그의 책을 등한시했던데는 충분한 이유가 있었다.

19세기 중반은 미국 포경업계가 최고의 번영을 누릴 때로 전통적 강자인 유럽을 큰 격차로 따돌렸다. 이런 사정을 반영해 포경선과 선원들의 모험담이 서적으로 출간되는 경우가 많았다.

TV나 라디오가 없던 시절 재미있는 책이 나오면 요즘으로 치면 유명 드라마나 영화와 같은 인기를 누렸고 광활한 바다에서 펼쳐지는 고래와의 사투는 사람들의 이목을 끌기 충분한 소재였다. 『모비딕』이 나오기 전에도 이미 포경 관련 서적이 여러 권 출판되어 절찬리에 판매되었고 모비딕이 포경선을 침몰시킨 흉폭한 고래로 악명 높은 상태에서 멜빌의 『모비딕』이 나왔을 때 사람들은 또 하나의 해양모험소설을 기대했을 것이다.

하지만 『모비딕』은 분량·구성·전개·내용 등 여러 면에서 당시 독자들이 가볍게 읽을 수 있는 종류의 소설이 아니어서 이내 대중들에게 외면당하고 말았다. 멜빌은 시대를 너무 앞서갔다. 그는 자전적 소설 『피에르』로 상황을 만회하려고 했으나 이 또한 실패하자 33살의 나이에 비참한 상황에 처하고 말았다. 이후 『이즈라엘 포터(Israel Potter)』가 어느 정도 성공을 거두었고 『사기꾼(The Confidence Man)』 등을 출간했지만 다시 옛 영화를 누리진 못했다.

1863년 뉴욕으로 돌아온 그는 소설을 버리고 시로 돌아섰고 안정된 삶을 영위했지만 비극적인 상황이 그를 기다리고 있었다. 1867년 어느 날 그 전날 늦은 귀가 때문에 멜빌에게 꾸지람을 들은 첫째 아들이 권총으로 자살했고 11년 뒤 둘째 아들마저 병원에서 죽었다. 만년에 그는 근심과 병마와 다투면서도 시와 소설을 손에서 놓지 않았지만 1891년 고희를 넘긴 나이에 인생을 마감하며 대중들에게 잊혀졌다. 그리고 20세기 초 레이먼드 위버에게 재발견되어 미국 최고의 작가로 거듭난다.

03_ 『리어왕』, 『모비딕』과 잡스의 리더십

| 절묘한 공통점 |

스티브 잡스는 윌리엄 셰익스피어와 허먼 멜빌과 공통점이 많다. 세 사람 모두 명문대학을 나와 정통 엘리트 코스를 밟은 이들과 거리가 먼 부류에 속한다. 셰익스피어와 멜빌은 아예 대학문턱에도 가보지 못했다. 잡스는 고등학교 시절에 이들의 책을 읽었지만 곧 그들과 비슷한 운명을 겪게 된다. 미국 서부에 위치한 리드 대학을 한 학기 만에 중퇴했으니 말이다.

세 사람 모두 일류대학의 정규교육과정에서 습득한 지식이나 동문이라는 인적 네트워크의 도움 없이 최고의 작품들(잡스의 경우 작품이라 칭해지는 제품들)을 인류에 선사했다. 그러나 그 과정이 순탄했던 것만은 아니었다.

특히 셰익스피어가 한창 활동할 무렵은 옥스브리지, 즉 옥스퍼드나 케임브리지 출신의 극작가들이 주름잡던 시절이었고 셰익스피어는 그들의 질시어린 비판을 감수해야만 했다.

케임브리지에서 수학했던 극작가 로버트 그린(Robert Greene)은 "라틴어나 그리스어도 모르는 시골뜨기가 날뛴다"며 그를 공격했다. 실제 셰익스피어는 라틴어에 약했고 그리스어는 최악이었다고 한다. 당시 엘리트적 소양과는 거리가 멀었던 셈이다. 하지만 400년이 지난 지금 셰익스피어는 슈퍼스타지만 로버트 그린을 기억하는 이는 손에 꼽는다. 그나마 그가 가끔씩이라도 언급되는 이유는 케임브리지 출신에 라틴어나 그리스어에 출중해서가 아니라 셰익스피어를 맹렬히 공격했기 때문이다. 즉 그는 셰익스피어의 위대함에 묻어가는 인물이다.

세 사람 공히 콘텐츠가 포장을 능가한다는 말이다. 콘텐츠(능력)의 수준을 가늠하기 위해 포장(학벌)이 기준이 되기도 하지만 그럴싸한 포장이 위대한 콘텐츠를 보증하는 것은 아니다.

잡스와 관련해 『리어왕』과 『모비딕』이 가지는 또 하나의 공통점은 두 책 모두에서 서자와 고아가 중요한 모티브로 등장한다는 점이다. 『리어왕』의 악역 에드먼드와 『모비딕』의 화자 이스마엘이 그들이다. 『모비딕』은 "Call Me Ishmael"이라는 묘한 문장으로 시작된다. "나를 이스마엘이라 부르시오." 이스마엘이 누구던가? 그는 성경에 나오는 불우한 서자다. 모든 것을 가질 수 있었지만 결국 쫓겨나는……. 버려진 자·고아·추방이 그의 키워드다.

아브라함은 부인 사라와 사이에서 아이가 없어 여종인 하갈에게서 이스마엘을 얻었다. 하지만 폐경기를 맞은 사라가 아들 이삭을 낳자 하갈과 이스마엘은 사막으로 쫓겨난다. 코란에서는 이스마엘이 우상 숭배를 타파하고 유일신인 알라를 섬기는 이슬람교의 창시자지만 미국을 포함한 서구 기독교 국가에서 이스마엘의 이미지는 아버지에게 버림받은 추방자다.

태어나자마자 친부모에게 버림을 받았던 잡스가 '추방자' 이스마엘에 끌리지 않았을까? 그는 생물학적 부모에 대해 큰 그리움이 없고 자신이 입양되었다는 사실에 별달리 상처받지 않았다고 말했지만 지인들의 증언은 상반된다.

어려서부터 자신의 양육자가 친부모가 아니라는 점을 알았던 잡스에게 어찌 트라우마가 없었겠는가? 그는 어렸을 때 동네 친구에게 "친부모가 너를 원하지 않았다는 말이냐?"라는 말을 듣고 머리에 번개를 맞은 것 같았다고 고백했다. 그리고는 울면서 양부모에게 달려갔다.

잡스는 친부모를 '정자·난자 은행'이라고 폄하하기도 했지만 그를 잘 아는 이들은 한결같이 그가 태어나자마자 버려진 사실에 평생 괴로워했다고 전했다.

한참 감수성이 예민했을 10대의 잡스가 "Call Me Ishmael"이라는 문장을 접하면서 희미한 동질감을 느끼기 시작했고 이로 인해 『모비딕』이라는 재미없는 고래백과사전에 흥미를 느껴 아합을 만났다고 생각한다면 억측일까? 재미있는 사실은 아합 역시 고아라는 점이다.

잡스는 기독교를 믿지 않았지만 어릴 때 부모님을 따라 루터 교회에 가곤 했기 때문에 이스마엘에 대한 기본 정보는 있었으리라. 물론 반박도 가능하다. 잡스가 처음 애플II를 처음 출시했을 때 가격을 666.66 달러로 책정하고도 그 의미를 몰랐다고 한다. 666도 모르면서 어떻게 이스마엘을 알 수 있었을까? 하지만 그가 『모비딕』을 읽기 전에 이스마엘의 배경을 몰랐다 해도 『모비딕』은 성경적 알레고리로 가득 차 있다. 이스마엘뿐 아니라 아합, 엘리야 등 주요 인물들의 이름을 성경에서 차용했다.

아합은 기원전 9세기경 이스라엘 왕국의 7대 왕으로 당시 야훼와 경쟁 관계에 있던 바알의 제단을 쌓는 등 기독교 입장에서 보면 이스라엘 왕 중 최악으로 평가받는다. 그 기간 동안 활동한 예언가가 『모비딕』의 등장인물인 엘리야다. 그 두꺼운 고래백과사전을 읽으면서 잡스가 등장인물들의 성경적인 배경에 대해 전혀 무관심했다고 여기는 것은 난센스다. 특히 탐구심이 강했던 잡스가 아니던가?

셰익스피어 작품을 즐겨 읽었다던 잡스가 그의 작품 중 특히 『리어왕』을 좋아했다는 점도 이채롭다. 『리어왕』에는 서자로 태어나 적자인 형을 시기하는 에드먼드가 주요인물이기 때문이다. 에드먼드는 형과 아버지를 이간질하여 결국 아버지를 죽음으로 내몰고 왕과 막내 공주의 살해를 지시했다가 형과의 결투에서 목숨을 잃고 마는 비극적인 캐릭터다. 리어왕이 자신의 셋째 딸을 내치는 것도 묘하다.

요컨대 두 작품 모두 비정상적인 부모-자식 관계와 부모가 아이를 버리는 사건이 중요한 모티브로 작용한다. 감수성이 예민했던 시절, 마리화나와 환각제에 기대며 여자친구를 처음 사귀기 시작했던 고등학생 잡스는 이스마엘과 에드먼드를 통해 강력한 리더십을 가진 리어왕과 아합 선장을 만나게 된다.

| 리어왕, 아합, 스티브 잡스 |

리어왕과 아합 선장의 공통점은 의지와 추진력이 유별나게 강했다는 점이다. 스티브 잡스가 월터 아이작슨에게 이들의 이름을 언급했을 때 아이작슨은 잡스가 이 둘을 언급하는 특별한 이유가 무엇인지 궁금해 했다. 자연스러운 의문이다. 잡스의 리더십이 그들과 유사하기 때문이다. 아이작슨은 잡스가 그들의 리더십에 큰 영향을 받았다는 답을 듣고 싶었을 게다.

사실 허먼 멜빌도 셰익스피어를 좋아했고 유독 『리어왕』에 등장하는 음산한 대목을 주목해서 읽었다. 그런 의미에서 리어왕과 아합은 연결선을 갖는다. 그 연결선의 끝자락에 잡스가 있는 건 아닐까?

하지만 잡스는 아이작슨의 질문에 아무 반응을 보이지 않았고 아이작슨은 질문을 이어가지 않았다. 아이작슨의 질문에 잡스는 무슨 생각을 했을까? 잡스가 이제 이 세상 사람이 아니니 알 방도가 없다. 유추해 볼 수밖에…….

잡스와 아합의 연결선에서 재미있는 사실이 하나 있는데, 아이작슨이 전기에서 아이팟 출시에 대한 30장(국문은 29장) 디지털 허브 파트의 소제목을 〈The Whiteness of the Whale〉로 잡았다는 점이다. 전문가들의 의견을 무시하며 아이팟이 제품 색깔뿐 아니라 이어폰까지 순백색을 채택한 애플의 정책을 다룬 챕터다. 이는 『모비딕』 42장 제목과 관사까지 동일하다.

고래 모비딕의 색깔인 흰색은 이스마엘에게 공포의 대상이었지만 아합에게는 고결함과 존귀함의 대명사였다. 『모비딕』 42장에서는 흰색의 이중성과 상반된 특성에 대한 강렬한 묘사를 하고 있다. 아, 그렇다면 아이팟의 순백색이 아합에 대한 오마주란 말인가? 아쉽지만 그렇게 단정하기는 쉽지 않다. 순백색을 채용한 아이디어는 조니 아이브의 머리에서 나왔기 때문이다.

아이브가 언론과의 인터뷰에서 밝혔듯이 그는 순백색에 대해 각별한 애정을 갖고 있었고 아이팟의 색깔에 대해서도 승용차를 타고 이동하던 중 처음으로 동료들에게 제안했다.

"아이팟에는 의미심장한 무게감도 있지만 한편으로 매우 차분하고 절제된 분위기도 있었습니다. 아이팟은 눈앞에서 꼬리를 흔드는 제품이 아니었어요. 절제되면서도 흥분을 유발하는 느낌이 흐르듯 드리운 이어폰 덕분에 살아난 겁니다. 그게 바로 제가 백색을 선택한 이유이기도 하고요." 아이브의 말이다. 왠지 알비노 고래 모비딕이 생각나지 않나? 동료들은 이어폰만은 까만 색이어야 한다고 반대했지만 잡스는 아이브의 생각에 동의해 백색을 받아들였다.

혹시 아이브는 평소 잡스가 백색에 대해 가지고 있던 묘한 감정을 인지하고 선수를 친 게 아니었을까? 혹 그 재미있는 소제목은 그냥 아이작슨의 기지였을까? 잡스가 이 대목에 대해 아이작슨에게 무언가를 일러주었거나 암시한 것은 아니었을까?

〈The Whiteness of the Whale〉은 공식 전기 국문판에 '순백색의 특별한 무게감'으로 번역되어 있다. 번역의 오류가 아니라 한계다. 제목만 그렇게 달았을 뿐 영문판에도 국문판에도 아이팟 색깔과 관련한 고래 얘기는 일언반구도 언급되지 않는다.

| X이론, Y이론 |

19세기 들어 인류는 리더십 연구에 박차를 가했고 다양한 실험을 통해 여러 가지 가설을 내놓았다.

특성이론, 행위이론, 상황이론 등에 근래 들어서도 새로운 내용들이 속속 추가되고 있다. 리더십에 대한 복잡한 연구는 접어두고 그 유형에 대한 쉬운 분류법을 살펴보면 대체로 권위형(카리스마형), 민주형, 자유방임형 정도로 구분된다. 지도자가 어떤 리더십을 선택할지는 그의 세계관과 직접적 관련이 있다. 지도자가 추종자들을 바라보는 시각은 인간의 본성에 대한 이해에 크게 좌우된다는 뜻이다.

이는 60년대 미국의 학자인 더글라스 맥그리거(Douglas McGregor)가 주창한 가설인 X이론·Y이론으로 정리할 수 있다.

X이론 지도자는 추종자가 일하기 싫어하고 책임을 회피하며 야심이 없다고 전제하기 때문에 조직의 목표를 달성하기 위해서는 이들을 통제하고 지시하며 감시해야만 한다고 믿는다. 반면 Y이론 지도자는 종업원들이 일을 즐기며 스스로 조직의 목표달성을 위해 훌륭한 의사결정을 하고 이에 대한 책임을 진다고 생각한다.

비즈니스에 적용하면 X이론 경영자는 아랫사람에 대한 부정적 인식 때문에 부하를 믿지 못해 사사건건 간섭하고 사소한 것까지 직접 지시를 내리며 업무태만이나 도덕적 해이가 발생하지 않는지 감시의 시선을 거두지 못한다. 반면 Y이론 경영자는 직원들이 자발적인 목표지향과 자기통제 능력을 지니고 있음을 믿기 때문에 주요한 의사결정과 실행에 대한 권한을 대폭 이양하고 본인은 지원자의 역할만 수행한다.

비유컨대 Y이론은 항공기 조종사들이 목적지만 정해놓고 실제 운행을 자동항법시스템에 맡기는 격이다. 이착륙 등 매우 중요한 업무만 조종사가 관여하고 나머지는 시스템을 믿고 맡긴다.

반면 X이론은 자동차 운전이다. 운전자가 잠시라도 한눈팔면 차는 중앙선을 넘어가거나 갓길 난간을 들이받고 만다. 항상 긴장을 늦추지 않고 핸들과 가속·정지 페달을 밟아야 한다.

리어왕과 아합은 자신의 부하와 가솔들에 대한 상이한 전제에 기반한 리더십을 행사했다. 리어왕은 딸과 사위를 전적으로 신뢰하고 자신의 왕국에 대한 통치권을 반분하여 첫째와 둘째 딸 내외에게 양도했고 본인은 100명의 기사만 거느리겠다고 천명했다.

Y이론에 기반한 행위다. 부모 자식의 천륜관계라고 하지만 사위들도 낀 마당에 Y이론적 신뢰가 없었다면 불가능한 일이다. 왕위쟁탈전에서 혈육 간에 피비린내 나는 싸움은 동서와 고금을 막론하고 자주 발생하는 일이다.

반면 아합은 철저히 X이론적인 지도자다. 숙련된 항해사와 작살꾼으로 구성된 세 팀의 정규멤버가 있음에도 자신만의 비선(秘線) 팀을 숨겨서 운영한다. 목표달성에 있어 정규팀을 전적으로 신임하지 못한다는 뜻이다. 그는 피쿼드 호에서 신적인 존재다. 그의 결정은 옳지 않을 수 없고 아랫사람들은 그의 결정을 일방적으로 따라야 한다. 불신과 비밀주의 그리고 권위적인 의사소통은 X이론 지도자의 트레이드 마크다.

| 스티브 잡스의 리더십 |

스티브 잡스는 사소한 일까지 직접 통제했던 것으로 악명이 높았다. 그는 거시적 비전뿐 아니라 구체적인 방향, 세세한 실행방침까지 직접 결정해서 지시했으며 자신을 따르지 않는 사람은 가차없이 제거했다.

잡스가 (올바르게) 결정하면 직원들은 눈가리개를 한 말처럼 거저 묵묵히 앞만 보고 내달리며 데드라인 내에 목표지점에 도달하면 된다. 그러다 보면 가끔 A급 플레이어라는 칭송을 듣기도 하고 스톡옵션도 부여된다.

잡스는 전형적인 X이론 지도자다. 그는 부하를 믿고 맡기는 것보다 세세한 사안 하나까지 자신의 손길이 닿고 통제하는 쪽을 선호했다. 아니, 통제에 병적으로 집착했다. 다만 그가 주장하는 A급 플레이어, 그중에도 예술가의 반열에 올랐다고 생각되는 이들에게는 무한신뢰를 보내며 특별한 대접을 하기도 했다. 픽사의 존 래스터나 애플의 조니 아이브가 대표적인 예다.

하지만 그런 경우에도 구체적 이슈에 대해 따지고 드는 그의 성정은 변하지 않았다. 잡스가 통제의 빗장을 푸는 경우는 자신이 잘 모르는 분야거나 중요하지 않다고 생각했던 일 정도다.

초기 애플사에서 정말 사소한 결정 하나하나까지 죄다 통제하려던 그의 습성은 넥스트를 운영하면서 어느 정도 나아지고 부하들을 믿는 법도 배웠다. 결국 애플로 복귀한 후 팀 쿡에게 회사의 운영을 맡기지 않았던가? 잡스도 나이가 들면서 Y이론적 접근법을 어느 정도 수용했다는 말이다. 하지만 이는 극단적인 X이론에서 Y이론 쪽으로 살짝 이동했다는 것일뿐 그의 기본 스타일이 바뀐 것은 아니었다. 잡스는 끝까지 잡스였다.

넥스트에서도 부하직원과의 관계에서 최악의 사건이 발생했다. 한번은 잡스의 수하였던 피터 반 큐렌버거가 선마이크로시스템즈를 찾아가 넥스트를 인수한 다음 잡스를 해고하고 자신을 CEO로 삼아달라고 은밀하게 부탁했다. 비록 도중에 적발되는 바람에 그의 쿠데타 기도는 무위로 돌아갔지만 잡스는 가슴을 쓸어내려야만 했다. 애플에서 이미 한 번 당한 경험이 있었기 때문이다. 그런 일을 겪고도 부하를 전적으로 신뢰하기란 쉽지 않았을 게다. 사실 태어나자마자 자신의 친부모에게 버림받은 잡스에게 다른 사람에 대한 인간적 신뢰를 요구하는 것 자체가 무리인지도 모른다.

결과적으로 리어왕과 아합의 리더십은 모두 실패했지만 그 과정과 내용은 상이하다. 리어왕이 처절한 몰락을 표상한다면 아합은 장렬히 실패한 경우다. 아합은 바다 사나이로서 귀감이 되는 최후를 맞았다고 볼 수도 있다. 잡스는 리어왕의 바람직하지 못한 후계자 계승, 명확하지 않은 분권화, 무분별한 권력 이양이 가져온 비극적 결말을 보며 Y이론 접근법에 대해 부정적인 생각을 키웠을 가능성이 높다. 자신의 타고난 성정이 강화된 것이다.

반면 『모비딕』의 아합이 보여주었던 목표에 대한 집념과 전일적인 통제를 접하며 X이론 리더십에 대해 마음을 열지 않았을까? 더구나 고아로 설정된 아합은 자신과의 교집합이 많은 캐릭터였다.

잡스가 보였던 통제에 대한 집착의 연원을 전부 『리어왕』, 『모비딕』 두 서적에서 찾으려는 노력은 난센스라고 비판할 수도 있다. 그보다 그의 천성이 통제지향적이었고 아랫사람에게 권한을 위임하는 것을 좋아하지 않는다고 보는 게 맞을지도 모른다. 그의 오랜 동료인 델 요캄(Del Yocam)은 월터 아이작슨에게 "잡스의 통제에 대한 집착이 출생 이후 버려졌다는 사실과 그의 성격에서 직접적으로 비롯한다"는 의견을 피력하기도 했다.

사실 잡스가 태어나자마자 버려졌다는 사실은 그의 독서 리스트와는 전혀 관련이 없다. 잡스가 고등학교 때까지 백지 상태의 리더십관을 유지하고 있다가 리어왕과 아합을 비교해서 아합의 X이론적 접근법을 자신의 리더십 스타일로 100% 취사선택했다는 따위의 결론을 내려는 건 아니다. 그보다 그의 독특한 성정이 리어왕과 아합의 케이스를 접하면서 아합 쪽으로 더욱 강화된 것으로 보는 것이 보다 타당한 결론일 게다.

스탠퍼드 대학

　스티브 잡스의 인생에는 대학과 관련된 이야기가 많다. 생모가 입양을 결정했을 때 대졸자를 원했고 따라서 폴 잡스 부부는 양부모로서 적합하지 않았다. 결국 잡스를 대학에 보내겠다고 서약한 후에야 정식으로 입양할 수 있었다. 후일 잡스는 리드 대학에 입학했지만 몇 주 만에 그만두었고 다시는 대학교육을 받지 않았다. 2005년 스탠퍼드 강연에서 말했듯이 그는 자퇴를 잘한 일이라고 생각했다.

　그는 대학 중퇴자들과 특별한 인연을 맺었다. 폴라로이드사를 설립한 잡스의 영웅 에드윈 랜드는 하버드 대학을 중퇴했고 그와 가까웠던 수십 조 원 재력가 래리 엘리슨(영화 〈아이언맨〉 주인공 토니 스타크의 모델로도 알려져 있다)은 시카고 대학을 중도에 그만두었다. 그의 라이벌이자 친구인 빌 게이츠 역시 하버드를 중퇴했고 그에게 큰 영향을 미쳤던 『작은 지구를 위한 식습관』의 저자 프랜시스 무어 라페도 버클리 대학교 대학원을 중도에 포기한 전력이 있다.

　이렇듯 잡스는 중퇴의 이력이 있는 이들에 대한 묘한 감정이 있었고 대체로 우호적이었다. 하지만 유독 스탠포드를 중퇴하고 마이크로소프트로 향했던 스티브 발머에 대한 평은 그다지 좋지 않았다. 발머는 하버드 기숙사 친구였던 빌 게이츠의 거듭된 권유로 1980년 스탠포드 MBA 과정을 중단하고 회사지분 5%를 받는 조건으로 마이크로소프트에 합류, 21세기 들어 빌 게이츠를 이어 CEO직을 수행했다.

　여하튼 잡스는 마음 속 깊이 대학에 대한 미묘한 감정을 갖고 있었던 것으로 보인다. 실제 그의 회사는 고학력자로 넘쳐났다. 그가 세웠던 넥스트는 한때 정문의 안내원까지 박사학위 소지자로 채워졌다. 특히 그는 자신의 거주지에서 가까웠던 스탠퍼드 대학, 버클리 대학과 유별나게 깊은 인연이 있었고 자신의 특별한 감정을 숨기지 않았다. 그는 언론 인터뷰에서 두 대학이 위대한 학교라고 자주 언급하곤 했다.

잡스 주위에 버클리 출신은 공동창업자 스티브 워즈니악, 인텔의 지도자 폴 오텔리니, 잡스를 처음 채용했던 아타리 공동창업자 앨 알콘, 매킨토시 팀의 소프트웨어 엔지니어 앤디 허츠펠드, 그리고 애플 이사회 멤버였던 에릭 슈미트 등이 있었다.

하지만 잡스에겐 스탠퍼드가 훨씬 더 특별했다. 어려서부터 존경해 마지 않았던 HP의 창시자 빌 휴렛과 데이비드 팩커드가 스탠퍼드 출신이고 잡스는 그 사실을 잘 알고 있었다. 그와 가까웠던 제리 양도 스탠퍼드에서 수학했다. 양이 야후 CEO로 돌아왔던 2007년 잡스는 직접 야후 행사에 참여했고 같은 해 양을 아이폰 프리젠테이션에 참여시키며 복귀한 CEO에게 힘을 실어 주었다.

잡스와 복잡한 인연을 맺었던 구글 창립자 래리 페이지와 세르게이 브린도 스탠퍼드 출신이다. 팀 쿡을 이을 재목으로 칭송받은 스콧 제임스 포스탤도 그렇고 애플 대학을 설립할 때 수장도 같은 학교에서 왔다. 매킨토시 공장을 책임졌던 데비 콜먼, 픽사 애니메이션 스튜디오의 공동 창업자였던 앨비 레이 스미스, 제록스에서 애플로 옮겨 매킨토시 개발에 참여했던 래리 테슬러도 마찬가지다.

그의 아내도 스탠퍼드 MBA였고 아들 리드도 스탠퍼드로 향했다. 인도 순례를 마치고 미국으로 돌아와 한 일은 스탠퍼드 청강이었고 나중에 암수술을 받은 곳도 스탠퍼드였다.

그래서 어떻단 말인가? 실리콘 밸리에서 스탠퍼드 사람들을 만나지 않고 어떻게 사업을 하란 말인가? 그래서 그는 스탠퍼드 사람들을 다수 채용하고 그 대학 시설들을 이용했던 것이다. 이건희 회장이나 정몽구 회장한테 서울대 출신 많이 채용한다고 시비거는 것과 비슷하다고 생각할 수도 있다. 하지만 스탠퍼드는 잡스에게 그런 단순한 의미가 아니었다.

잡스의 고등학교 동기인 방송인 테리 안주르에 따르면 그녀가 1992년 졸업 동창회에 나갔을 때 잡스는 아내가 스탠퍼드를 나왔다며 자랑스럽게 소개했다고 밝혔다.

평소 잡스 스타일을 볼 때 이례적인 일이다. 안주르 자신이 스탠퍼드를 나왔기 때문에 모교에 대해 애정이 깊었고 그래서 자신의 기억을 과장했을 수도 있다. 하지만 여러 정황으로 볼 때 그녀의 기억은 사실과 부합하는 것으로 보인다.

『인사이드 애플』에 따르면 디즈니 중역이었던 제프 조던은 스탠퍼드를 졸업하고도 실리콘 밸리에서 일하지 않았다는 이유로 잡스의 빈축을 사야만 했다. 잡스는 최고 대학 출신이 최고의 지역에서 일하지 않는 것을 받아들일 수 없었던 것이다.

2005년 6월 스탠퍼드 졸업식 연설도 마찬가지다. 잡스는 프리젠테이션을 제외하면 좀처럼 대중연설을 하지 않지만 이 제안은 받아 들였다. 아이작슨은 잡스가 암수술을 겪고 50살을 넘어서면서 약간 과거회상 모드였기 때문에 연설을 수락했다고 했지만 핑계같이 들린다. 잡스는 보통 프리젠테이션 연설문을 뚝딱뚝딱 만들어 리허설에 집중하는 스타일인데 스탠퍼드 연설은 4개월이나 앞선 2월부터 준비를 시작했다. 그에게 스탠퍼드 졸업식 연설이 그렇게 중요한 일이었을까?

그리곤 'Stay Hungry, Stay Foolish'라는 제목의 희대의 명연설을 쏟아낸다. 텍스트로 접해보면 아름답기 그지 없다. 피도 눈물도 없는 인간이 어떻게 이렇게 따스한 내용을 준비했는지 의아할 정도다. 하지만 유튜브로 그의 연설을 들어보면 깜짝 놀랄 수밖에 없었다. 아니 연설자가 누구지? 프리젠테이션 때면 청중을 자유자재로 농락하던 잡스는 어디 가고 준비된 원고를 쉼표도 없이 읽어가는 저 사람은 도대체 누구란 말인가?

잡스가 1982년 스탠퍼드 학생들을 상대로 강연을 했을 때 그는 괘기만만한 자세로 처녀가 몇 명이나 되는지, 환각제를 경험해 봤는지를 물었다. 2005년 잡스는 그 젊고 당돌했던 잡스와는 너무나 대조적이었다.

잡스는 아이작슨에게 2004년 그의 영웅, 밥 딜런을 만났을 때 너무 긴장해서 말도 못할 정도라고 고백했다. 잡스도 인간이란 말이다. 그렇다. 무수한 스탠퍼드 졸업생 앞에 선 잡스는 긴장하고 있었다. 그는 관중들이 웃을 틈도 감동할 틈도 없이 엄청난 부담감을 가지고 자신이 준비한 원고를 쫓기듯이 읽어 치웠다.

1984년 애플 주주총회에서 처음 공개되었던 매킨토시는 스스로를 소개하고 스티브 잡스에게 마이크를 넘겼다. 관객의 폭발적인 반응을 알길 없는 매킨토시는 관중들이 웃건 말건 쉬지도 않고 입력된 내용들을 읽어나가기 바빴다. 2005년 스탠퍼드의 잡스와 1984년 매킨토시 중 누가 관중을 더 무시하고, 더 어색하게, 더 빠른 속도로 원고를 읽어 나갔을까? 나는 잡스에 한 표를 던지겠다.

그렇다면 1982년 잡스와 2005년 잡스는 뭐가 다른 걸까? 그는 왜 같은 스탠퍼드 대학에서의 강연인데 그렇게까지 긴장했을까? 1982년은 소규모였고 2005년은 대규모 청중이어서 그랬을까? 잡스는 프리젠테이션을 통해 우리 행성 전체를 들었다 놓았다 했던 인물이었다. 청중 숫자가 조금 늘었다고 갑자기 돌변해서 새색시가 되었을 리 만무하다.

내가 주목한 차이점은 그의 복장이다.
1982년 학생들과 이야기 나눌 때 그는 청바지에 셔츠를 입고 있었다. 하지만 2005년 그는 졸업생들이 입는 가운을 착용했다. 스탠퍼드는 그에게 특별한 학교였다. 그리고 그 특별한 학교의 가운을 입었던 그도 긴장하고 있었던 것이다.

그도 스탠퍼드의 일원이 된 듯한 느낌이었을 게다. 그래서 '복장의 힘'이 천하의 잡스마저 긴장하게 만든 것이다.

그가 사용했던(사실 잡스는 1980년대부터 인터뷰에서 이 표현을 인용했다) "Stay Hungry, Stay Foolish"라는 표현 역시 스탠퍼드와 관련이 깊다. 그 문구를 만들었던 잡지(Whole Earth Catalog)의 편집장 스튜어드 브랜드가 스탠퍼드 출신이기 때문이다. 스탠퍼드 출신이 만든 문구가 스탠퍼드 졸업식을 통해 세기에 기록될 역사가 되었다.

이쯤에서 두 가지 의문이 생긴다.
그는 2009년 두 번째 암진단을 받고 2010년 6월에 있을 아들 리드의 졸업식 때까지만 버틸 수 있게 해달라고 신에게 간청한 적이 있었다. 그가 정말 보고 싶었던 것은 리드가 고등학교를 졸업하고 스탠퍼드에 다니는 것을 보는 게 아니었을까? 잡스는 나중에 리드가 커서 "스탠퍼드의 의사가 되어 자신이 사는 팔로 알토에 가정을 꾸리고 살면서 학교에 자전거를 타고 출퇴근 하는 모습을 그려보곤 한다"고 말했다.

리드가 다른 학교를 전혀 고려하지 않은 것은 아니다. 그는 동부의 아이비리그 명문 다트머스 입학을 알아보기 위해 외삼촌과 함께 그 학교를 방문한 적이 있다. 하지만 리드는 결국 스탠퍼드를 택했다. 스탠퍼드 입장에서도 스티브 잡스의 아들이라면 쌍수를 들고 환영했을 게다. 리드가 대학을 결정하게 된 계기가 무엇이었는지 알 수 없지만 잡스의 바람은 분명 스탠퍼드였을 것이다. 리드가 스탠퍼드를 택했을 때 잡스는 매우 기뻐했을 게다.

마지막으로 잡스의 대학 선택이다. 그는 자신이 대학을 택할 때 "워즈니악이 다녔던 버클리는 공립학교라 피했고 장학금을 줄 것 같았던 스탠퍼드에도 가지 않았다. 스탠퍼드에 가는 아이들은 진로가 정해졌었는데 나는 좀 더 예술적이고 흥미진진한 것을 원했다"라고 했다. 정말일까? 고등학교 때 무료로 국제전화를 걸 수 있는 불법 기구 블루 박스를 만들어 상업적으로 판매하고, 마리화나와 마약(LSD)에 손을 대고, 여자친구와 동거하며 정학도 여러 번 당한 학생을 스탠퍼드가 장학금을 주며 데리고 오려고 했다고?

이 부분은 스티브 잡스의 과장이라고 생각한다. 지금에야 그는 위대한 스티브 잡스지만 1972년만 해도 그는 심하게 말해 개망나니였다. 잡스는 그런 식으로 자기 자신에게 현실왜곡장을 시현했을 수도 있다.

1985년 잡스가 플레이보이지와 한 인터뷰에 따르면 그는 고등학교 3학년 때 스탠퍼드에서 청강을 하곤 했다고 한다.

그러면서 일찍이 스탠퍼드에 대한 환상을 갖게 된 게 아닐까? 스탠퍼드에 정말 가고 싶었지만 불가능했다는 게 진실이 아니었을까? 그런 현실을 잊기 위해 그는 스탠퍼드가 자신을 버린 것이 아니라 자신이 스탠퍼드를 택하지 않은 것이라고 주문을 걸었을 수도 있다. 동경해 마지않던 스탠퍼드에 바람맞기 싫었던 것이다. 그는 친부모가 아닌 다른 그 무엇에게도 다시는 바람맞고 싶지 않았을 게다. 그리고 그 현실왜곡장은 그뿐 아니라 그의 전기작가인 아이작슨에게까지 영향을 미쳤다.

그런 잡스가 타계한지 10여 일이 지난 2011년 10월 16일 그의 추도식이 스탠퍼드 대학교 내의 교회에서 열린 것은 스탠퍼드가 그에게 제공하는 마지막 선물이었다. 그 결정에 잡스의 의견이 반영되었을지가 궁금하다.

PART 02 *Steve Jobs*와 종교

> 잡스의 입장에서 기독교가
> 시원하게 해소해주지 못한 창조주의 절대선과
> 전지전능 간의 갈등은 동양종교가 가지는 통합성과
> 우주의 왕좌를 차지하는 유일한 절대신이 분명하게 정의되지 않는
> 두리뭉실함 속에서 봉합되고 말았다.

Steve Jobs와 종교

인간에게 스스로의 존재 자체를 사고할 힘이 주어지면서 숙명과도 같은 질문이 생겼다. 이 위대한 힘은 도대체 누가, 무슨 이유로 부여했단 말인가? 인류의 역사는 이 질문에 대한 해답을 찾아야만 한다는 강박관념의 산물이다. 우리 선조들이 죽은 사람들 머리를 해 뜨는 동쪽을 향하게 하고 기원전 고인돌과 피라미드를 만든 것도 그 '해답'에 대한 갈구였다. 동물을 섬기고 하늘에 제사 지내며 조상을 섬기는 것도 매한가지다.

사후세계를 상정하는 종교뿐 아니라 플라톤의 이데아, 이황의 이기이원론 등 보이지 않는 질서나 우주의 근원적인 힘을 상정하는 세계관도 해답에 대한 강박의 흔적이 묻어있다. 하지만 아직 인류 전체가 합리적인 추론으로 받아들일 수 있는 해답은 찾지 못했다. 진화론이 그나마 과학적이라고 인정되지만 원소 찌꺼기들을 재료로 단순 진화를 통해 인간과 같은 완벽한 생체기계를 만든 건 과학이 아니라 기적이다.

지구에 있는 모래 알갱이 숫자보다 많은 행성으로 이루어져 그 크기가 무한대에 가까운 광활한 우주에 질서가 부여되고 지구라는 별에 사유의 힘을 지닌 특별한 존재를 가능하게 한 최초의 힘이나 존재의 법칙은 무엇일까? 나의 정답은 '아직 모른다'이다. 21세기에 그 비밀이 밝혀질 가능성은 제로다. 인류가 아무리 발전해도 결국 그 신비로움에 다다르지 못할 가능성이 압도적이라고 본다. 영원히 모를 공산이 크다.

현실 종교에서 제공하는 쉬운 설명은 존재의 의문에 대한 합당한 해답이 될 수 없다고 생각한다. 하지만 현실 종교를 거부하는 순간 삶은 우울해지고 힘들어진다. 인생이 메말라지기 때문이다. 우리의 한계를 인정하고 현실 종교를 배척하며 정신차린 존재가 프리드리히 니체가 말하는 초인이다. 요즘 우버멘시라고들 부르는 초인은 꿋꿋하지만 외로운 존재다.

초인으로 살기란 쉽지 않다. 자신이 초인이었던 니체는 제정신을 잃고 동생 엘리자베스가 본인의 이론을 나치즘과 전쟁을 합리화하는 논리로 변질시키는 것을 지켜보는 불행을 겪어야만 했다. 미치지 않는다면 장 폴 사르트르의 『구토』에 등장하는 로깡땡처럼 돌멩이를 볼 때마다 구토를 느끼며 살아야 한다. 구토는 평생 치유될 수 없는 운명이다. 생명과 사고의 기원에 대한 존재론적인 갈구와 그 해답을 파악할 수 없다는 현실적인 한계 사이의 해결불가능한 긴장관계로 인한 정신적인 피폐함을 막을 방법이 없기 때문이다.

반면 종교는 이에 대한 해답을 제공한다. 그 해답이 맞는지 여부는 크게 중요하지 않다. 해답이라고 믿으면 그만이다. 우리의 숙명인 존재론적 긴장관계는 즉시 해소된다. 교회나 성당, 절, 모스크에 가는 쉬운 솔루션이 있다는 말이다. 이제 우리는 구토를 느낄 필요도 없다. 인류가 '과학적으로' 풀지 못한 존재의 신비에 대한 해답이 주어졌으니 고민할 필요도 없다. 일종의 정신과 치료다. 절이 우리나라 중세에 유행한 정신과 병원이었다면 교회나 성당은 현대에 성행하는 정신과 병원인 셈이다.

스티브 잡스도 이 문제를 두고 평생 동안 고민했다. 그것은 삶과 죽음에 대한 이슈이기도 하다. 그는 1995년 스미소니안 연구소와의 인터뷰에서 일곱 살 때 쿠바 미사일 위기 때문에 자고나면 깨어나지 못할까봐 며칠 밤 동안 잠을 설친 기억을 언급했다. 태어나자마자 버려졌던 잡스는 어렸을 때부터 삶과 죽음에 민감했고 이 주제는 평생을 두고 그에게 화두로 작용했으며 그는 틈날 때마다 이 문제를 거론하곤 했다.

그가 처음 접한 종교는 기독교였지만 그는 기독교에 안주할 방법을 찾지 못하고 동양의 신비주의 종교로 나아갔다. 그리고 그 이동은 그의 인생에 크나큰 자국을 남겼다.

| 잡스와 기독교 |

미국은 청교도의 나라다. 모든 동전과 지폐에 '우리는 하나님을 믿습니다(In God We Trust)'라는 문구가 아로새겨져 있고 대통령의 취임 선서뿐 아니라 법원에서 양심에 따라 증언할 것을 맹세할 때나 장례식 때도 하나님을 찾는다. 대다수의 국민이 침례교, 감리교, 순복음교 등 기독교인이고 잡스도 교회에 다녔다. 아이작슨에 따르면 잡스의 부모는 신앙심이 두텁지는 않았지만 아들이 종교의 가르침을 따르기를 원했고 그래서 일요일이면 그를 루터교 교회에 데려가곤 했다.

하지만 잡스가 13살이 되던 1968년 아프리카 어린이의 충격적인 사진이 잡지 표지에 실린 것을 보며 목사님을 찾아가서 하나님이 이 아이들의 고통을 아시냐고 묻자 목사님은 "스티브, 이해하기 어렵다는 건 안다. 하지만 하나님은 그것도 알고 계신다"라고 답했다. 그 후 잡스는 하나님을 숭배하는 일과는 어떠한 관련도 맺기 싫다고 선언하고 다시는 교회에 가지 않았다. 적어도 살아서는 그랬다. 그가 교회와 다시 엮인 것은 2011년 10월 그가 세상을 떠나고 추도식을 스탠퍼드 대학 내에 있는 메모리얼 처치 예배당에서 치르면서다.

잡스가 느꼈던 모순은 자명하다. 신이 전지전능하다는 전제와 절대선이라는 전제가 충돌하기 때문이다. 기독교나 이슬람교처럼 강력한 유일신을 가진 종교가 가진 본원적인 패러독스다.

전지(全知)하다고 함은 과거, 현재, 미래의 일을 모두 꿰뚫고 있다는 말이다. 양자이론이나 일반상대성이론은 물론 누가 잠시나마 자기 이웃의 아내를 탐하는지, 어느 소행성이 몇 만 년 후에 지구와 충돌할지 죄다 알고 있어야 한다. 전능(全能)하기 위해서는 미시세계인 지구에서 일어나는 일을 모두 관장할 뿐 아니라 우주에서 발생하는 거시적 사건 또한 하나도 빠짐없이 좌지우지할 수 있어야 한다.

전지전능을 신의 기본 능력으로 전제하고 나면 주위에서 발생하는 납득하기 힘든 사건들에 대한 책임이 신에게 전가된다. 이 세상을 창조할 때 이미 미래를 알았다면(전지) 그것을 막을 수 있는 능력(전능)이 있음에도 그는 그 전능한 능력을 사용하지 않았기 때문이다.

왜 이브가 아담에게 사과를 권하도록 프로그래밍 했는지, 왜 뱀 따위를 만들었는지, 왜 카인이 아벨을 죽이도록 내버려 두었는지 등의 성경적 의문에서 시작해 갓 태어난 아프리카 아이들이 기아와 질병에 신음하는 현실세계의 모순은 신에 대한 의문을 품게 만든다. 과연 신은 전지전능하면서 동시에 절대선의 담지자인가?

그렇다면 성경에 묘사되었거나 현실에서 발생하는 온갖 문제들을 어떻게 설명할 것인가? 젊은 잡스가 아프리카 아이들의 고난을 예로 들며 목사에게 던졌던 질문이다.

이 모순에 대한 해결방법은 두 가지다.
첫 번째가 우리가 알 수 없는 그 어떤 이유로 신이 그렇게 했다는 것이다. 신은 전지전능하고 절대적으로 선하지만 어떤 다른 심오한 뜻을 가지고 일견 우리가 이해하기 힘든 현상이나 사건을 만들어 낸다는 설명이다. 새는 대기권 밖을 날 수 없지만 대기권 밖은 존재한다. 인간의 지적 능력은 한계가 있으니 유한한 인간의 논리로 무한한 신의 논리를 이해할 수 없다는 결론에 도달한다. 단기적·미시적으로는 부조리해 보이는 사건이더라도 장기적·거시적으로는 인류전체 혹은 우주전체를 위해 불가피한 신의 선택일 수가 있다는 뜻이다. 잡스의 질문에 답한 목사가 취한 입장이지만 잡스를 납득시키는 데는 실패했다.

두 번째는 신이 절대선의 담지자라는 전제를 파기하는 것이다. 신은 정의상 전지전능하지만 꼭 절대선일 필요는 없다. 신은 100억 광년이 넘는 거리의 우주를 만든 존재이므로 그 능력이 전지전능에 가깝지만 항상 선해야 하는 것은 아니다. 대부분의 목회자나 신도들이 전지전능과 절대선 사이의 내재적 갈등을 힘들어 하면서도 첫 번째 입장을 채택하려고 노력하지만 잡스 같은 날카로운 이성에게는 통용되지 않았다. 더구나 그는 현실 기독교의 운용 행태를 그다지 마음에 들어하지 않았다.

"신앙보다는 예수님처럼 살거나 예수님처럼 세상을 바라보는 것에 중점을 두어야 하는데 오히려 신앙 그 자체만 너무 강조하는 바람에 기독교가 핵심을 잃게 된 것이라 생각합니다." 잡스가 아이작슨에게 한 말이다.

이에 잡스는 선불교와 같은 동양종교로 향했다. 만약 잡스가 기독교를 믿었다면 그의 인생은 어떻게 달라졌을까? 잡스의 질문을 받았던 목사가 전지전능과 절대선이 가진 긴장관계에 대한 논리적인 설명을 제공해서 잡스가 기독교인이 되었다면 잡스의 놀라운 성취가 가능했을까? 그 질문은 이 파트의 문제의식 중 하나다. 곁눈질 몇 번으로 기독교에 실망하고 동양종교로 향한 잡스에게 선불교는 어떤 영향을 미쳤을까?

잡스가 1972년 가을 18살의 나이로 반문화, 개인주의, 사해동포주의의 기운이 넘쳤던 캘리포니아의 리드대학에 입학해 동양종교에 탐닉하며 읽었던 책은 여러 권이 있다. 월터 아이작슨을 통해 잡스 자신의 입으로 말한 것만도 『지금 이곳에 존재하라』, 『선신초심』, 『어느 요가 수행자의 자서전』, 『우주의식』 등이 있다. 잡스의 동양종교 서적 리스트는 자서전 영문본과 한글본에 약간 차이가 있지만 잡스의 친구 대니얼 콧키가 여러 매체와 인터뷰한 것을 미루어보면 상기 서적은 잡스가 탐독했던 것이 확실해 보인다. 이 외에도 『초롱 트룽파의 마음공부』, 『하얀 구름의 길』 등 총 약 10권에 달하는 동양철학 관련 서적을 접했던 것으로 보인다.

그중 잡스가 직접 매우 심오하다고 회고했던 『지금 이곳에 존재하라』, 평생을 곁에 두고 읽었다는 『어느 요가 수행자의 자서전』, 콧키가 잡스에게 가장 많은 영향을 미쳤다고 지적한 『선신초심』, 그리고 잡스의 의식발전 방향에 대한 흥미로운 단초를 제공하는 『우주의식』을 살펴볼 요량이다.

| 1970년대 서부 히피문화 |

2차 세계대전 이후 서구 선진국들은 전후 복구사업을 통해 유례없이 긴 호황을 누렸다. 이 와중에 물질주의가 팽배하자 이에 대한 반작용으로 주류문화에 대항하는 젊은이들의 기류가 감지된다. 특히 미국에서는 대중문화와 소비자본주의가 확고히 자리를 잡은 상태에서 베트남전쟁이나 케네디 대통령과 마틴 루터 킹 목사의 암살이 일어나자 1960년대 후반 반문화 운동의 일환으로 히피가 등장했다.

이들은 미국 캘리포니아 주요도시인 샌프란시스코나 LA 등지를 기반으로 '기존의 물질주의적 가치관에 반대하고 인간성 회복이나 자연으로 회귀'라는 새로운 가치관을 전면에 내세우며 세를 키워갔다. 이런 분위기는 1970년대로 이어졌는데 특히 70년대 초반에는 히피들의 가치관과 행동철학에 이론적 기반과 정당성을 제공할 만한 출판물들이 쏟아져 나왔다.

미국에서 선사상을 전파하던 선불교의 대가 스즈키 순류는 1970년 그의 강연록인 『선신초심』을 내놓았고 이듬해 육식문화를 정면 공격하는

『작은 지구를 위한 식습관』이 발간되어 큰 관심을 끌었다. 1971년 출판물 중에 주목할만한 것은 『지금 이곳에 존재하라』였는데 이 책은 히피들 사이에서 큰 인기를 얻으며 『작은 지구를 위한 식습관』과 함께 밀리언셀러의 반열에 올랐다.

1970년대 캘리포니아의 대학교들, 특히 리드같이 자유로운 분위기의 사립학교 학생들은 두 책을 읽는 것을 상식처럼 여겼고 스티브 잡스도 그랬다. 특히 『지금 이곳에 존재하라』는 기독교에 실망한 잡스를 동양의 신비로 이끄는 열쇠 같은 역할을 담당했다. 잡스는 『지금 이곳에 존재하라』에 감명을 받아 힌두교나 불교 관련 서적을 읽기 시작했고 결국 인생의 해답을 찾아 인도로 떠났다. 그리고 미국으로 돌아와 아타리의 상사에게 불쑥 권한 것도 같은 책이었다. 즉 그의 종교관 형성은 『지금 이곳에 존재하라』에서 시작했다고 해도 과언이 아니다.

01_『지금 이곳에 존재하라』

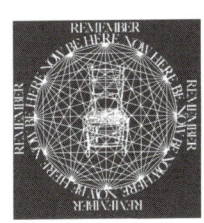

1971년 세상에 나온 『지금 이곳에 존재하라』는 2백만 부 가량 팔린 베스트셀러며 그 2백만 명 중 한 명이 1972년 리드 대학에 입학한 스티브 잡스였다. 이 책은 그냥 딱 봐도 예사롭지 않다. 난해한 표지에 중간에는 무당집에나 나올 듯한 괴상한 그림들과 춘화라고 해도 어색하지 않을 야릇한 회화로 가득차 있다.

나는 지하철에서 이 책을 보다가 주위에서 힐금대는 시선을 느끼고 냉큼 책을 접어서 가방에 쑤셔 넣은 적도 있었다. 하지만 이 책은 반문화 운동에 참여한 사람들에게는 성경과도 같았고 수많은 작가와 요가 수행자들에게 영향을 미쳤다.

『지금 이곳에 존재하라』는 주요 논지의 요약이 불가능하게 구성된 책이다. 총 4장으로 이루어져 있는데 작가 자신의 경험에 대한 자전적 이야기로 시작한다.

1장은 촉망받던 하버드대학 교수가 마약을 탐닉하다 학교에서 쫓겨나 인도여행을 떠나 그의 스승인 마하라지(님 카롤리 바바)를 만나고 그의 이름을 람 다스로 바꾼다는 이야기다. 2장은 그림책이다. 갖가지 형태의 형이상학적 회화에 종교적이고 정신적인 격언이 더해지고 3장에서는 요가와 명상 수행방법을, 마지막 4장에서는 참고서적을 소개한다.

이 책은 정연한 논리를 가진 스타일이 아니다. 예수도 나오고 시바도 나오며 음양도 등장하고 수면·학습·참선·요가 등에 필요한 몇 가지 지침을 제공하기도 한다. 채식과 소식이 중요하고 과일이 좋은 음식이며 빛이 가장 순수한 에너지라는 메시지를 전한다. 호흡과 산책의 중요성을 강조하며 스승이 항상 지켜보고 있으니 진실하라고 충고한다. 현자들의 격언도 들려주지만 강압적인 어투가 아니라 자연스레 익혀가라는 분위기다.

당시 소비자본주의에 신물이 나 있던 젊은 층들이 접했다면 많은 생각을 했을 만한 책이다. 스티브 잡스가 "심오하다"고 평했던 이유기도 하다. 이 책을 보다 자세히 이해하려면 저자에 대한 정보가 필요하다.

| 람 다스 |

람 다스(Ram Dass)의 원래 이름은 리차드 앨퍼트(Richard Alpert)로 1931년 4월 메사추세츠주 뉴턴의 유태인 가정에서 지력·재력·정치력을 겸비한 명망가의 아들로 태어났다. 그는 어렸을 때부터 모범생 코스를 걸으며 스탠퍼드 대학교에서 심리학 박사학위를 받은 후 버클리 대학교 교환교수를 거쳐 하버드 대학교 교수로 임명되었다. 누가 봐도 전도유망한 젊은 학자였다.

그는 하버드 학생들에게 지크문트 프로이트(Sigmund Freud)와 인간의 동기부여에 대한 강의를 하면서 공허감을 느끼기 시작했다. 미래가 보장되어 있었지만 무엇인가 놓치고 있다는 느낌에 쫓겼다. 하버드 교수로서 학생들에게 죽은 지식을 가르치고 학생들은 그것을 외워 시험에 임하지만 학기가 끝나도록 아무 일도 일어나지 않았다. 교수는 교수 게임을, 학생은 학생 게임을 하고 있을 뿐이었다.

정신과 의사로서도 마찬가지였다. 책에 있는 이론을 통해 환자들을 꿰어 맞추는 일에 점점 염증을 느끼다 친구 팀 리어리(Timothy Leary)와 함께 비행기를 타고 남미 여행을 간 것이 인생의 전환점이 된다.

버섯에서 채취되는 환각성 물질인 사일로사이빈(psilocybin)을 접한 것이다. 미국으로 돌아와 사일로사이빈을 처음 시도한 앨퍼트는 신비로운 경험을 하게 된다. 남에게 규정되고 만들어진 자신이 아니라 내면의 진짜 자신을 본 것이다.

삶과 죽음의 건너편에 존재하는 자신을 발견하고 그 신비로운 경험을 탐구하기 위해 사일로사이빈을 약 200명에게 나누어주며 설문지를 작성해 줄 것을 요청했다. 하지만 이 일 때문에 학교에서 쫓겨났고 1967년 그는 30대 중반의 나이에 인도를 방문해 머리를 길게 기르고 법복을 입은 스무 세 살의 캘리포니아출신 구도자 바간 다스를 만났다.

자기 띠 동갑만큼 어린 친구와 동행하며 앨퍼트가 자신의 과거에 대한 이야기를 꺼내거나 앞으로의 일을 말하려하면 언제나 돌아온 대꾸가 바로 "지금 이곳에 존재하라(Be here now)!"였다. 바간 다스는 앨퍼트를 마하라지('위대한 왕'이라는 뜻)로 이끌고 마하라지는 앨퍼트의 어머니가 작년에 비장 때문에 돌아가신 것을 맞추어 그를 놀라게 만든다. 앨퍼트가 그 누구에게도 말한 적 없는 일이었다. 그곳에서 교육을 받으며 리차드 앨퍼트는 스승이 내려준 이름대로 람 다스(신의 종)로 변해간다.

앨퍼트는 인도에서의 경험을 바탕으로 1971년 『지금 이곳에 존재하라』를 발표해 인도인이 아닌 서양인의 시각으로 요가와 명상을 소개했고 그에 대한 방법론을 제시해 서양의 젊은이들을 열광시켰다.

그는 1974년 심각한 질병으로 고통받는 사람들에게 정신적인 위안을 주기 위해 하누만 재단을 설립했고 1978년에는 전세계의 사회 정의와 보건을 위해 봉사단체인 세바 재단을 세웠다. 람 다스는 1997년 뇌출혈로 쓰러진 이후 언어 장애와 신체 장애를 겪고 있지만 활동을 중단하지 않았다. 더 이상 여행을 다니지는 않지만 여전히 인터넷을 통해 가르침을 전하고 있다.

02_『한 요가 수행자의 자서전』

지난 세기 최고의 요가 수행자로 칭송되는 파라마한사 요가난다의 저서 『한 요가 수행자의 자서전』은 20세기 초반 인도의 상황이 상세히 기술된 '요가 수행자에 의한, 요가 수행자를 위한, 요가 수행자들에 대한 기록'이다. 제2차 세계대전 직후 발간된 이 책은 서구의 가난한 영혼들에게 요가와 참선의 복음을 전파했다고 평가 받는다. 전세계적으로 4백만 부 이상이 판매되었고 30개 국어 가까이 번역되었다고 한다.

사실 이 책의 줄거리는 『모비딕』만큼이나 간단하다. 요가난다(태어났을 때 이름은 무쿤다)는 10살이 갓 넘었을 때부터 성자들을 찾아다니다가 10대 후반 스승인 스리 육테스와르(Sri Yukteswar)를 만나게 된다. 스승의 지도 속에 요가 수행을 통해 우주의식을 체험하고 깨달음을 얻은 그는 미국으로 건너와 인도의 정신세계와 요가를 서구인들에게 전파했다.

이런 간단한 이야기가 500페이지가 넘는 자서전으로 구성된 것은 중간중간 그가 만났던 사람들과 인도 고대철학 그리고 요가의 정신에 대한 자세한 설명을 덧붙였기 때문이다. 그는 마하트마 간디, 라빈드라나트 타고르, 독일의 유명한 테레사 노이만 수녀, 먹지도 마시지도 배설하지도 않는 인도의 성자 바바 지리 등을 만난다.

삶과 죽음, 호흡, 욕망, 소식과 채식, 태양에너지, 점성술, 인도 성자들의 이적(異跡), 아담과 이브, 예수와 제자들, 정신법칙, 세 종류의 세계 등 다양한 주제를 다루고 나름의 과학적 증거를 제시하기도 한다. 기적의 기본 원리(The Law of Miracles)에 대해서도 한 장을 할애한다.

그는 '바바지-라히리 마하사야-스리 육테스와르-자신'으로 이어지는 크리아 요가를 강조하며 진실과 신에게로의 접근은 지식의 축적이 아닌 명상과 직관적인 힘으로 가능하다고 설파했다.

그는 또한 여러 종교 간에 구분을 두지 않았고 특히 예수의 사상도 적극적으로 포용해 예수와 그 제자들은 크리아 요가의 요체 중 하나인 호흡의 중요성을 인식하고 있었다고 주장했다. 인도의 성자들이 다른 사람의 업보를 대신해서 지고 가듯이 예수가 십자가에 못박혀서 인간의 죄를 대신해서 책임진 일도 비슷한 케이스로 인식했다. 그가 미국에서 세운 교회도 어떤 종교를 가진 자든 상관없이 누구나 방문해서 명상할 수 있는 예배당이었다.

| 재미없는 전우치전 |

『한 요가 수행자의 자서전』은 자서전인 만큼 논픽션으로 분류된다. 하지만 종교적 신비주의를 신봉하지 않는 사람이 그 내용을 그대로 믿기에는 힘든 부분이 많다.

저자는 태어나서 움직이지도 못할 때뿐 아니라 전생까지 기억하고 8살 때 치명적 콜레라에 걸렸는데 라히리 마하사야(스리 육테스와르의 스승)의 사진이 빛을 발하며 이를 치유해준다. 몸이 두개인 성자, 절단된 팔을 3일 만에 상처 없이 복구한 성자, 손에서 장미향과 자스민향을 만드는 성자, 맨손으로 호랑이를 잡은 성자 등이 소개된다. 그들은 공중부양을 하고 강 위를 걸어 다니며 먹지도 않고 잠도 자지 않는다.

크리야 요가의 계보를 잇는 저자의 스승들은 거의 예수급 이적을 행한다. 아직까지 살아있는 바바지는 죽은 사람을 살리기도 했고 그의 제자 마하사야는 장님을 눈뜨게 했다. 저자는 바바지에 대해서는 전지·전능·편재라는 표현을 사용하고 마하사야는 전지·편재한다고 했다.

요가난다의 스승인 육테스와르는 예지 능력은 물론이고 시공을 조절하는 힘까지 가지고 있다. 무호흡 상태에 돌입하고 자신의 의지로 모기를 조정해 꼼짝 못하게 만들고 성난 코브라를 박수로 진정시켰다. 저자 자신도 초능력을 지녀 형의 죽음을 예언하고 죽은 사슴을 되살리고 사망한 아이가 환생한 이를 찾아가 만나기도 했다.

책을 읽다 보면 소설같다는 느낌이 들 때도 많았다. 그나마 소설은 흥미진진하기라도 하지만 요가난다의 이야기는 '재미없는 전우치전'을 읽는 것 같았다. 그와 (책 편집에 관여한) 제자들이 이적을 이야기하면서 끊임없이 현실과의 접점을 만들어 그 일들이 사실이라고 주장했기 때문이다. 가장 대표적인 예가 자연법칙에서 벗어난 아바타 이야기다. 최고의 경지에 이른 아바타는 겉으로 보기에는 그냥 평범한 사람이지만 자연의 법칙과 무관해서 그림자도 없고 발자국을 남기지도 않는다. 그는 크리야 요가의 궁극적 스승인 바바지를 설명하며 이 단어를 꺼내 든다.

하지만 그의 제자 크리야난다가 작성한 주석에서 요가난다와 그 스승 육테스와르의 사진에 왜 그림자가 드리워져 있는지 해명한다. 두 사람이 아바타라는 사실을 암시하는 것이다. 그의 설명에 따르면 요가난다와 육테스와르는 몸이 투명해서 빛이 통과하지만 그들은 의식을 지상계에 둘 수 있고 신이 부여한 임무를 위해 지상계에 관여하면서 그림자를 가질 수도 있다고 한다.

무슨 말인지 잘 모르겠지만 이런 생각은 들었다. 왜 종교에서는 기적이 죄다 내가 모르는 사이에, 내가 모르는 곳에서 일어나는 걸까? 시공을 초월하고 미래를 바라보고 우주의 진리를 깨달았으면 나 같은 범인(凡人)이 믿을 수 있게 그냥 그림자나 발자국을 없애주는 서비스 정도는 해 줄 수 있는 게 아닐까?

책 중간에 위대한 스승 라히리 마하사야의 사진이 나오는데 그는 대머리였다. '심장과 맥박을 멈추기도 하고 장님을 눈뜨게 한 사람이 자기 머리카락 하나 어떻게 못하는 걸까?'라는 생각이 들었다. 이런 문제도 해결하지 못하는데 어떻게 복잡한 지상계·아스트랄계·캐주얼계 같이 증명할 수도, 경험할 수도 없는 세계관과 이에 따른 복잡다단한 관념들을 받아들일 수 있단 말인가?

신기한 사실은 이 책이 4백만 부나 팔려나갔다는 점이다. 더 신비로운 점은 잡스가 이 책을 미국에서 한 번, 인도에서 여러 번 읽었고 미국으로 돌아온 후에는 해마다 읽었다는 점이다. 잡스는 도대체 무슨 생각을 하며 자신의 아이패드로 이 '재미없는 전우치전'을 읽어 갔을까?

| 파라마한사 요가난다 |

파라마한사 요가난다(Paramhansa Yogananda)는 1893년 1월 인도와 네팔의 접경지역인 고락크푸르에서 태어났는데 10살이 갓 넘어서부터 성자와 스승을 찾으러 다닐 정도로 종교적 구도정신이 강했다. 그는 종교여행을 통해 수많은 성인들과 현자들을 만났는데 그 노력은 그가 17살 때인 1910년 육테스와르를 만나 스승으로 삼으면서 마무리되었다.

요가난다는 1915년 캘커타 대학과 연계된 세람포르 대학에서 학사 학위를 받았고 스승의 수도원에서 수양생활을 거쳐 1917년 인도 동부에 남학생들을 위한 요가학교를 세웠다.

그는 1920년 보스턴에서 벌어진 전세계 종교인대회에 참석하기 위해 미국으로 건너간 뒤 자각센터를 설립해 인도의 고대 철학과 요가 그리고 참선을 전파했다. 1924년에는 미대륙을 횡단하며 요가와 참선을 설파하다 이듬해 LA 지역에 국제 자각센터 본부의 설립을 주도했다.

요가난다는 1930년대 중반 유럽과 인도를 여행하며 성자들을 만난 것을 제외하면 1952년 타계할 때까지 대부분의 시간을 미국에서 보냈다. 그는 1952년 3월 인디아 대사 부부와 저녁을 먹으며 미국의 효율성과 인도의 영성의 합치에 대한 소망에 대해서 이야기한 후 나름의 의식을 마치고 생을 마감했다고 한다.

그의 시신은 20일이 지나도 전혀 부패의 흔적이 보이지 않았는데 이는 타임지에 보도되기도 했다. 일부는 요가난다의 상태가 방부처리된 시신과 흡사하다는 의혹을 제기하기도 했다.

03_ 『선신초심』

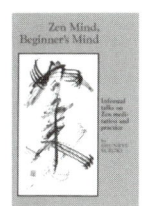
스티브 잡스의 친구인 대니얼 콧키에 따르면 잡스가 가장 끌린 책 중에 하나가 『선신초심』이었다. 특히 그 명료함(clarity)이 잡스를 매혹시켰다고 한다. 저자 순류 스즈키는 강연 때마다 바른 자세를 중시했다. 올바른 좌선과 그 자세에서 유일한 운동인 호흡을 통해 몰아와 무한의 경지, 나아가서는 불심에 이를 수 있는 과정을 강조했다. 좌선할 때만이 아니라 일상생활에서도 올바른 자세가 중요하다고 주장했다.

깨달음은 특별히 좋은 감정이나 상태가 아니라 바른 자세로 앉아 있을 때 존재하는 마음 그 자체다. 좌선을 통해 이런 상태에 만족하지 못한다면 아직도 수련자의 마음이 방황하고 있다는 뜻이다. 스즈키는 선과 악, 피아 구분을 분명히 하는 이원론적 접근을 배척했다. 색즉시공 공즉시색(色卽是空 空卽是色)이다. 우둔함과 현명함의 차이도 없고 심지어 삶과 죽음도 하나다. 원래 존재하지도 않았던 것이 어떻게 사라지겠는가?

그에 따르면 우리가 태어나기 전에는 아무런 느낌이 없었고 우주와 하나였지만 탄생에 의해 분리되고 느낌을 가지고 되었으며 번뇌가 생겨났다. 그는 인류가 "어떻게 이런 느낌이 만들어진 것인지 모르고 감정에 집착한다"라고 지적한다. 우주와 하나라는 사실을 깨달으면 죽음에 대한 공포는 사라진다.

수행에 있어 어떤 이원적 개념에 사로잡혀 있을 때 그것은 자신의 수행이 순수하지 못하다는 것을 뜻한다. 순수하다는 것은 불순한 것을 정화하려는 노력이 아니라 사물의 있는 그대로다. 우리 인생에 특별한 것은 없다. 개구리가 앉아 있다가 먹이가 오면 먹고 안 오면 그냥 앉아 있듯이 사람도 가만히 앉아 있는 것이 바로 좌선이다. 남한테 생각을 강요하지 말고 토론에서 이기려고도 하지 말아야 한다.

사람들이 선 수행이 어렵다고 하는 것은 깨달음을 얻는 것이 어렵기 때문이 아니라 그 근본적인 뜻에서 우리 마음과 수행을 순수하게 유지하기 어렵기 때문이다. 즉 초심을 잃었기 때문이다. 무엇인가를 얻고자 한다면 마음의 방황이 시작된다. 얻고자 하는 마음을 버린다면 자신의 몸과 마음을 '바로 여기에' 갖고 있는 것이다.

가르침도 필요 없다. 학생이 모두 부처다. 큰 마음을 가지고 안개가 옷에 스며들듯, 외국어를 학습하듯 수양해야 한다고 가르친다. 깨우침으로 족하다는 돈오돈수가 아닌 깨우침 후에도 수양을 계속해야 한다는 돈오점수의 입장이다. 스즈키는 리더십에 대해서도 의견을 피력한다. 소나 양을 기를 때 넓은 목초지에 풀어 놓고 관찰하는 것이 바람직하다고 한다. 관찰이 최선이고 방임은 최악이다. 통제는 차악(次惡) 정도 된다. 그는 Y이론적 접근법을 제안한 것이고 X이론을 이상적으로 보지 않았지만 그래도 방임(이를 Z이론이라 부르기도 한다)보다는 낫다고 생각했다.

하지만 잡스는 『선심초심』의 가르침을 제대로 따르지 않았다. 그는 사람을 평가할 때면 천재-바보라는 극단적인 이분법을 사용했고 상품이나 아이디어도 엄청난 것이거나 쓰레기 둘 중 하나였다. 스즈키는 의사소통에도 의도나 작위 없이 있는 그대로의 자신을 표현하라고 충고했지만 잡스는 필요에 따라 사람을 매혹시키기도 했고 현실왜곡장을 사용해 불가능한 일을 가능하게 믿게 한 경우도 많았다.

리더십에 대해서도 그는 기본적으로 Y이론 스타일이 아니라 X이론에 훨씬 가깝다. 잡스가 스즈키의 가르침을 좋아하지만 스즈키가 잡스를 직접 가르쳤다면 그는 그다지 훌륭한 제자는 아니었을 것이다.

| 스즈키 순류 |

스즈키 순류(Shunryu Suzuki)는 1904년 일본 도쿄 남쪽에 있는 가나가와현에서 선사였던 아버지와 역시 선사의 딸이었던 어머니 사이에서 태어났다. 재혼했던 어머니가 데려왔던 의붓형이 있었고 아래로는 여동생이 두 명 있었다. 어렸을 때부터 총명함을 보였고 학교 운동장에서 노는 것보다는 교실에 머무르는 것을 선호할 정도로 정적이었다. 하지만 아이들은 삭발한 그를 놀리기 일쑤였고 이로 인해 격노하기도 했다.

그는 1916년 12살의 나이에 아버지의 양자가 운영하던 절에 들어가서 수행을 하며 선불교를 익혔다. 어린 나이였지만 새벽부터 저녁까지 힘든 일정을 소화하며 같이 시작한 여덟 명의 동기 중에 혼자만 행자생활을 이겨냈다. 1926년 코마자와 대학교에 입학해 불교와 영어를 공부했을 때 교수들 중 일부가 동양의 선 사상을 어떻게 서양에 전파할지를 주제로 논의하곤 했는데 이는 스즈키의 흥미를 자극시켰다.

이듬해 중국 마지막 황제 푸이와 일본 황실의 영어 선생님이었던 노나 랜섬(Nona Ransom)의 통역을 맡으며 그녀가 불교에 얼마나 무지한지 절실히 깨달았다.

랜섬은 불교를 일종의 우상숭배 정도로 이해하고 있었던 것이다. 랜섬은 스즈키와 불교에 대해 진지한 논의를 나눈 후 그녀의 입장을 변경했고 스즈키에게 좌선 명상법을 알려 달라고 요청하기도 했다. 한 명의 서양인을 변화시킨 스즈키는 나중에 수많은 서양인에게 깨달음을 주었다.

1930년 대학졸업 즈음에 선사의 주지가 되어 미국에 진출하는 방안을 조심스레 타진해 보았지만 주위 사람들이 극구 만류하는 바람에 그는 이 꿈을 수십 년 간 혼자 간직하고 있어야만 했다. 일본에서 종교생활을 하던 중 제2차 세계대전이 발발했다. 대부분의 승려들이 일본의 군국주의에 열성적으로 찬동하고 나섰지만 스즈키는 이에 대해 비판적이었다.

그가 서양인들에게 포교하는 꿈을 이룬 것은 1959년 샌프란시스코 선 센터에 진출하면서부터다. 당시 그 곳은 나이 든 일본인 이민자들이 피상적인 좌선활동을 하는 수준이었는데 스즈키는 서양인의 포섭에 적극적이었다. 그의 지도하에 선 센터는 번창했고 수많은 제자들이 그를 찾았다. 그는 좀더 일찍 미국을 방문하지 못한 것을 아쉬워하기도 했다.

스즈키는 1971년 암으로 입적했다. 그는 암을 치료하기 위해서 수행이 도움이 되지만 완전한 방법은 아니라는 말을 남기기도 했다. 미국의 소비자본주의와 물질주의에 반발해 히피운동과 좌파운동의 기운이 넘치던 1960년대 미국에서 스즈키는 내면의 자유와 평화를 추구하는 동양의 선을 알렸던 중요한 인물로 평가받고 있다.

04_ 『우주의식』

찰스 다윈이 1859년 『종의 기원』을 발표한 이후 19세기 후반은 전세계가 진화론에 열광한 때였다. 19세기를 막 마감한 1901년 캐나다 정신과 의사인 리차드 모리스 벅은 '정신의 진화'라는 재미있는 콘셉트를 책으로 출간한다. 『우주의식』은 아이작슨의 국문판 전기에는 잡스의 독서 리스트에 포함되어 있지만 영문판에는 빠져 있다. 번역을 위해 제시되었던 초기 버전에는 들어가 있다가 나중에 제외되었을 게다.

아이작슨이 자신의 인터뷰를 체크하다가 잘못되어 뺐을 수도 있고 아니면 잡스가 특별히 요청했을 수도 있다. 하지만 잡스의 친구 대니얼 콧키는 한 인터뷰에서 잡스가 『우주의식』을 읽고 자신에게 권했다고 전하고 있다. 잡스가 『우주의식』에서 큰 영향을 받았음은 1985년 플레이보이지와의 인터뷰에서 드러난다. 그는 사고의 질을 이야기하며 컴퓨터가 인간의 정신을 고양시킬 수 있는 중요한 기구가 될 수 있다고 설명했다.

컴퓨터의 도움으로 인간은 아리스토텔레스, 알버트 아인슈타인 그리고 폴라로이드사를 세운 에드윈 랜드 같은 선각자의 생각을 탐구하고 그들과 대화할 수 있는 길을 찾아갈 수 있을 것으로 전망했다. 잡스는 인류의 의식 진화 속도가 워낙 빨라서 다음 세대는 현세대의 어깨를 짚고 서서 최첨단의 인식(state-of-the-art perceptions)에 다다를 것이고 그러면 현세대는 우아하게 뒤쳐진다고 말했다.

인류 정신의 진화와 이를 이끄는 선구자라는 개념은 『우주의식』의 논리전개 방식과 완벽하게 일치한다. 그가 1994년 롤링스톤지와의 인터뷰 때 인생의 목표는 돈이 아니라 깨달음(enlightenment)라고 한 것도 비슷한 맥락이다. 2년 후 와이어드를 만나서 TV와 PC의 차이점에 대해 논했다. 잡스는 TV가 두뇌를 끄는 기기인 반면 PC는 두뇌를 켜는 기구라고 정의했는데 그가 TV가 아닌 PC에 매진한 이유도 의식의 발전과 관계있음을 시사한다.

『우주의식』은 잡스에게 큰 영향을 미친 서적 중 하나다. 그가 소크라테스와 오후 한 나절을 보낼 수 있다면 자신의 모든 기술을 내놓겠다(I would trade all of my technology for one afternoon with Socrates)고 한 것도 소크라테스처럼 진화한 의식을 가진 이에게 감화를 받고 싶어서가 아니었을까?

| 핵심논지 |

『우주의식』에서 벅은 지구 상에 존재하는 동물의 정신이 지각적(perceptual) 단계에서 심상적(receptual) 단계를 거쳐 개념적(conceptual) 단계로 발전한다고 진단한다. 이를 의식으로 번역하면 짐승들이 사물을 인식하는 단순의식(simple consciousness)에 머물러 있는 반면 사람은 자기 자신과 자신의 의식마저 인식의 대상으로 파악하는 자기의식(self consciousness)을 보유하고 있다.

이제 인류는 새로운 진화의 모멘텀에 직면해 있다. 제도적 심리(institutional mind)의 형성을 통한 우주의식(cosmic consciousness)으로 향한 변화다. 벅은 이런 정신적 혁명이 사회적·물질적 혁명보다 훨씬 중요하다고 주장했다. 우주의식에 이르면 개개인을 다른 단계로 격상시킬 수 있는 지적인 깨달음을 얻게 되고 윤리적 고양, 영원에 대한 인식, 무한한 기쁨, 격앙감 등을 느끼게 된다.

또한 우주와 창조자의 존재에 대해 지각하고 악·재앙·죽음에 대한 공포가 사라지며 사랑이 우주의 규칙이나 기반이 된다는 점을 이해하게 되는데 역사적으로 우주의식에 이른 선구자도 여럿 존재해 왔다. 모세, 이사이아, 싯다르타, 소크라테스(!), 예수, 바울, 모하메드, 단테, 프랜시스 베이컨, 블레즈 파스칼, 바뤼흐 스피노자, 윌리엄 브레이크, 월트 휘트먼이 그들이고 이외 익명으로 처리된 이들도 많다.

벅은 인류의식의 진화가 일부 개체에 의해 먼저 달성되고 점점 확산되다가 나중에는 대부분의 사람들이 획득하는 식으로 진행된다고 주장했다. 예수나 싯다르타, 모하메드는 선구자고 우주의식은 현재 확대일로에 있는 셈이다.

그는 인류의식 진화의 예로 색감각을 들었다. 그에 따르면 고대 그리스인은 흑백과 빨강, 노랑 네 가지 색만 구분했을 뿐 파란색·녹색·갈색을 판별하지 못했다고 한다. 그래서 성경에 하늘이 400번이나 언급되지만 '파란 하늘'이라는 표현은 하나도 없고 48권에 달하는 『일리아드』와 『오디세이』 그리고 고대 인도의 경전인 『베다』 또한 마찬가지다. 그들에게 푸른색은 검은색이었다.

그래서 벅은 영어단어 blue의 기원이 black이고 페르시아어나 아랍어에서 파란색을 뜻하는 nil은 라틴어 niger(검정)와 같은 말인 Nile강(검은 강)에서 나왔다고 저술하고 있다.

그는 인류 역사상 선구적으로 정신적 진보를 이룬 그룹에게 정신병이 자주 잃어난다고 했다. 그래서 북미나 유럽에 정신병이 많이 발생하는 반면 흑인에게는 드물다고 주장했다. 아리안계의 우월성에 대한 신념이 있었던 모양이다.

한 가지 재미있는 사실은 벅과 같이 의식의 진화론을 받아들인다면 창세기 에덴동산에 대한 해석이 달라진다는 점이다. "뱀의 꼬임에 넘어가 금지된 사과를 먹고 아담마저 꼬드겼던 이브는 나빠요!" 뭐 이런 결론을 내릴 수 없단 말이다. 아담과 이브는 원래 단순의식 상태에 있었다. 옳고 그름을 판단하지 못하고 자신을 대상화해서 고민하지도 못했다. 하지만 그들의 정신은 선악과를 먹는 순간 자기의식 상태로 고양된다.

인류가 에덴동산에서 쫓겨난 빌미를 제공했던 장본인으로 비난 받아온 이브는 사실 인류 정신의 진화를 이끈 인물이 되는 것이다. 역적이 영웅으로 탈바꿈하는 순간이다. 벅은 이브가 없었다면 인간이 에덴동산에서 쫓겨나지 않았겠지만 아직 단순의식 상태에 머물러 있었을 것이고 우주의식으로 한 단계 더 진화하는 것은 꿈도 꾸지 못했을 것이라는 논지를 편다.

이는 사과와 이브에 대한 평가를 전환시킨다. 잡스가 회사 이름을 사과(애플)로 짓고 막내딸 이름을 이브로 지은 것은 이와 무슨 관계가 있는 것일까? 이는 파트 말미에 있는 Jobs학사전에서 자세히 다루겠다.

| 리차드 모리스 벅 |

　　　　리차드 모리스 벅(Richard Maurice Bucke)은 1837년 영국 성직자 집안의 일곱 번째 아이로 태어났다. 그의 아버지는 캠버리지 대학교 출신의 수재로 일곱 개 언어를 구사했다. 벅의 가족은 그가 한 살일 때 캐나다로 이민와서 온타리오주 런던시 근교 농장에 정착했고 그의 아버지는 성직자를 그만두고 농업에 전념했다.

　일곱 살에 되던 해 어머니께서 돌아가시고 10년 후 계모마저 세상을 떠나자 벅은 17세의 나이에 더 큰 세상을 경험해보고자 집을 나섰지만 수많은 고난을 겪었다. 미국 서부에서 다양한 직업을 전전했는데 정원사, 철도근로자, 선원, 마부일까지 포함되었다. 여행 중에 인디언의 습격을 받아 목숨을 걸고 싸워야 하는 상황에 처하기도 했다.

　1857년 말과 1858년 초 벅은 캘리포니아 산악지대에서 거의 얼어 죽을 뻔하다 구사일생으로 구조되었다. 은광 개발자들 중 유일한 생존자였지만 다리 하나와 발가락 여러 개를 잃어야 했고 캐나다로 돌아와서도 평생 그 후유증으로 고통받았다.

　벅은 몬트리올 맥길 대학교 의대를 우수한 성적으로 졸업했고 최우수 논문상을 받았다. 1860년대 초 영국 런던에서 인턴생활을 거쳐 1864년 캐나다로 돌아와 결혼했고 여덟 명의 자녀를 두었다. 1877년 온타리아주의 주립 정신병동의 수장이 된 후 오랫동안 해당 직무를 책임졌고 1882년에는 온타리오의 웨스턴 대학교의 교수가 되었으며 1888년에는 영국의 학회 정신과분야 수장으로 선출되기도 했다.

벅은 시를 사랑했는데 특히 '미국 자유시의 아버지'라 불리우는 월트 휘트먼(Walt Whitman)의 작품에 깊은 감명을 받아 그를 현인으로 대우했다. 둘은 1870년대 조우해서 우정을 이어간다. 벅은 휘트먼 덕분에 존재론적으로 상위 층위로 이동하게 되었다고 주장하며 그의 전기를 집필하기도 했다.

젊었을 때 벅은 과학의 우월성을 확신했다. 종교는 인류가 미몽에서 벗어나지 못한 시절 의지했던 방편이라는 주장에 동의했다. 하지만 자신의 신비한 경험을 바탕으로 의견을 바꾸었다. 1872년 그가 영국 런던에 거주할 때 우주의식을 경험했다고 기록했다. 36살 되던 이른 봄 친구들과 워즈워드, 쉘리, 키에츠, 브라우닝, 휘트먼 등의 시를 읽다가 심야에 귀가하던 중 내면의 빛과 지적 깨달음, 큰 기쁨 등을 느꼈다고 기술했다.

위대한 시인들의 생각과 감성에 감화 받아 우주의식에 접근한 것이었다. 이후 그는 그 경험을 바탕으로 우주의식을 느낀 사람들의 역사를 탐구해갔고 그들이 35세를 전후한 이른 봄에 내면의 빛을 발견했다고 주장하며 그의 평생의 역작인 『우주의식』을 발간했다. 『우주의식』이 나온지 얼마 지나지 않은 1902년 2월 벅은 얼음에 미끄러져 베란다 기둥에 머리를 부딪치고는 몇 시간 안에 사망했다.

05_ 스티브 잡스와 종교

동양철학 사상과 신비주의 서적에 심취했던 스티브 잡스는 스무살이 되던 해 인도순례를 마치고 미국으로 돌아와서도 『어느 요가 수행자의 자서전』을 매년 한 번씩 읽었을 만큼 그 영향권 아래 있었다. 더 나아가 동양 종교 서적은 그의 일상과 사업에까지 많은 영향력을 미쳤다. 예를 들어 그가 선불교의 영향으로 고도의 집중력을 키우게 되었고 디자인에서도 단순함을 추구하게 되었다는 사실은 일반적으로 받아들여지고 있다.

이 파트에서 살펴본 네 권의 책 모두 초월적인 존재에 대해 긍정적이지만 그에 대해 구체적인 설명을 하거나 명확한 이미지를 보여주지는 않는다.

다만 궁극적인 창조자와 연관해 우주를 관장하는 어떤 법칙이나 에너지에 대한 기술이 있을 뿐이다. 잡스의 입장에서 기독교가 시원하게 해소해 주지 못한 창조주의 절대선과 전지전능 간의 갈등은 동양종교가 가지는 통합성과 우주의 왕좌를 차지하는 유일한 절대신이 분명하게 정의되지 않는 두리뭉실함 속에서 봉합되고 말았다.

사실 『지금 이곳에 존재하라』, 『어느 요가 수행자의 자서전』, 『우주의식』은 예수까지 포괄하는 프레임에 바탕하고 있으며 다른 어느 종교도 배척하지 않는다. 『우주의식』은 이슬람의 창시자 모하메드마저 명시적으로 선각자에 포함시킨다.

『지금 이곳에 존재하라』나 『어느 요가 수행자의 자서전』은 예수를 인정하는 정도가 아니라 그에 대해 매우 호의적인 시각을 가지고 있다. 전자에 포함된 예수의 그림이나 후자에서 성경을 논하는 태도는 진지할 뿐 아니라 애정이 어려있다. 힌두교의 본질이 그렇다. 종교의 한계선을 명확히 구분할 수 없는 힌두교는 그 속에 다양한 믿음과 신을 포괄한다. 힌두교에는 세 명의 주신(主神)이 있는데 창조를 맡은 브라마, 운영을 하는 비슈누 그리고 파괴의 신 시바가 그들이다.

이 중 비슈누는 이미 아홉 번을 인간의 모습을 한 아바타로 환생해 인류를 악으로부터 구하고 정의를 회복하는 일을 했다. 마지막 비슈누로 중생을 구제한 이가 바로 고타마 붓다, 즉 싯다르타다. 힌두교는 불교를 자신의 품 안에 끌어안고 있는 것이다.

사실 인도인들은 자신을 힌두교인이라 부르지도 않는다. 자신들은 진실을 믿고 있는 것이고 이들의 믿음 체계를 외부인들이 힌두교라 부를 뿐이다.

잡스에게 힌두교와 선불교를 비롯한 동양종교는 평생의 화두였다. 그래서 그는 아이작슨에게 자신이 "인생 대부분에 걸쳐 눈에 보이는 것 이상의 무엇이 우리 존재에 영향을 미친다고 느껴 왔다"고 말했다. 하지만 신과 사후 세계의 존재에 대해서는 확신하지 못했다. 이 문제는 "50 대 50"이라고 생각했고 죽음에 가까운 자신의 처지 때문에 과도하게 영혼의 영속성을 믿으려 하는 것이 아닌지 의심하기도 했다.

"각 종교는 동일한 집에 들어가기 위한 각기 다른 문"이라고 결론내렸지만 "어떨 때는 그 집이 존재한다고 생각하지만, 또 어떨 때는 안 그래요. 엄청난 미스터리"라고 말한 것은 그의 종교관을 잘 표현하고 있다.

동양종교가 그에게 구체적으로 어떤 영향을 미쳤을까? 그가 가장 성실히 이행한 동양종교적 가치는 '천상천하 유아독존'일 뿐 실제로 현실에서는 크게 중요하지 않았다고 주장하는 이들도 있다. 하지만 그의 종교적 색채는 실생활에 직접적인 규정성을 보여왔다. 위의 책들과 동양철학에서 강조하는 소식·채식은 다음 파트에서 살펴볼 다이어트 관련 서적들과 결합해 그의 유별난 식습관을 평생 유지시켰다.

또한 태양과 공기, 물, 그리고 에테르(우리로 치면 기)를 에너지의 근원이라고 믿는 『지금 이곳에 존재하라』, 『어느 요가 수행자의 자서전』의 영향은 나중에 살펴볼 아르놀트 에렛의 논지와 범벅이 되어 그를 산책 중독자로 만들었다. 인도에서 복귀한 후 심취했던 선불교 사상은 삶과 죽음에 대한 잡스의 성찰을 이끌었다. "죽음은 삶의 가장 위대한 발명"이라고 하는 등 유독 삶과 죽음의 문제에 일찍부터 천착했던 잡스에게서 선불교의 향기가 느껴진다.

잡스는 1997년 뉴욕타임스와의 인터뷰에서 "마이크로소프트의 빌 게이츠가 어렸을 때 마약을 한 번이라도 시도했거나 인도 사원을 방문했다면 조금 더 넓은 시각을 가질 수 있었을 것"이라고 말한 바 있다. 자신이 동양종교에 심취해 인도를 방문했던 경험이 시각을 넓혀주었다고 생각한 것이다. 실제로 잡스의 시각은 너무나 확대되어 지구에 만족하지 못했고 언제나 우주를 향했다.

그의 목표 중 하나가 "우주에 자국을 남기는 것(make a dent in universe)"이라고 여러 번 되풀이했다. 쿠페르티노에 위치한 애플 본사의 이름은 인피니트 루프(infinite loop; 무한 고리)다. 잡스가 1997년 복귀한 직후 빌딩 이름을 바꾸고 시계 방향으로 숫자를 매겼다. 2015년을 전후해 완성될 애플의 새로운 본사는 아예 원형의 우주선 모양으로 생겼다. 설계도가 공개될 당시 지하에 우주선을 건설한다는 소문이 돌기도 했다.

우주와 무한대(infinity)에 대한 잡스에 애착이 남긴 흔적은 다른 곳에서도 감지된다. 토이 스토리의 주인공 버즈 라이트이어(Buzz Lightyear; 우주 비행사 이름과 광년의 합성어)의 모토가 '무한대를 넘어서(infinity and beyond)'였다.

1995년 스미소니언 연구소와 인터뷰에서 자기 소개를 부탁받았을 때 그는 지구별(planet Earth)의 미국 캘리포니아 샌프란시스코에서 태어났다고 했다. 대부분의 지구인에게 지구별은 주어진 디폴트와 같은 개념이어서 언급할 필요도 없지만 잡스에게는 우주에 존재하는 수많은 행성 중 하나로 상대화의 대상일 뿐이었다. 그가 읽었던 종교 관련 서적들의 주요 콘셉트가 우주·무한·초월·하나됨 등이었던 것을 감안하면 어색하지 않은 발상법이다.

또한 어렸을 때부터 시작된 잡스의 전자기기에 대한 사랑은 벅의 『우주의식』을 만나 이론적 지지대를 얻은 것으로 보인다. 『우주의식』에 따르면 인류의 의식은 단순의식에서 자기의식을 거쳐 우주의식으로 진화한다.

잡스가 『우주의식』의 내용에 100% 동의했는지는 알 수 없다. 그렇지만 1985년 플레이보이지와 인터뷰에서 보듯 그는 인류의 의식이 진화하고 그 와중에 컴퓨터가 중요한 역할을 할 수 있음을 믿었다. 그에게 TV가 두뇌를 끄는 기기인 반면 PC는 두뇌를 켜는 기구였다. PC는 인류의 정신을 고양하고 의식을 보다 높은 단계로 발전시키는 위대한 도구였고 또 '마음의 자전거'였다.

잡스의 자전거에 대한 집착도 유별났다. 어렸을 때 동물별로 단위 거리를 이동하는데 필요한 칼로리에 대한 TV 다큐멘터리를 봤기 때문이다. 그때 콘돌이 1위였고 사람은 뒤에서 3위였다고 한다. 하지만 자전거를 탄 사람의 효율은 1위로 올라섰다. 인간 자체의 효율성은 바닥권이었지만 도구의 도움으로 콘돌까지 이기고 이 세상 넘버1으로 등극했다.

이는 잡스로 하여금 도구와 자전거에 대한 묘한 느낌을 갖게 만들었다. 잡스는 애플을 항상 도구를 만드는 회사(toolbuilder)라고 정의했고 언제나 최고의 제품을 만드는 것이 가장 중요한 일이라고 설파하고 다녔다. 애플II가 출시된 후 신문광고에서 잡스는 "우리는 PC 개발로 새로운 종류의 자전거를 창조했다(When we invented the personal computer, we created a new kind of bicycle)"고 말했다.

그의 첫 제품 매킨토시는 사과의 일종이긴 하지만 잡스가 아닌 초기 프로젝트 책임자 제프 래스킨(Jef Raskin)이 붙인 이름이다. 잡스가 매킨토시 프로젝트를 맡게 되자 그는 제품 이름을 자전거(bicycle)로 바꿨다 (사람들이 선호하지 않아 한달 뒤 다시 매킨토시로 돌아왔다).

그토록 보고 싶어 했던 리드의 고등학교 졸업식을 마치고 아들에게 주었던 선물 또한 자전거였다. 잡스의 자전거 사랑은 그가 어렸을 때 봤던 다큐멘터리와 『우주의식』을 빼놓고는 설명하기 힘들다.

2007년 그가 애플로 복귀한 후 방영한 TV 광고에 나간 문구 "그들(애플)은 인류를 앞으로 나아가도록 합니다"는 잡스가 직접 쓴 문장으로 그의 생각을 잘 보여준다. 그의 아내 로렌도 아이작슨에게 잡스가 "인류에게 권능을 부여하는 일이나 인류의 진보, 인간의 손에 훌륭한 도구를 들려 주는 일에 깊이 관심"을 쏟았다고 증언했다.

종교가 잡스의 일생에 남긴 가장 큰 자국은 무엇보다도 그의 사업 마인드다. 컨설팅이나 시장 조사를 통해 얻어진 구체적인 숫자를 바탕으로 사업적 결정을 내리는 보통의 기업가와 달리 그는 직관을 믿었다. 그래서 애플의 관리자는 신규사업 진출시 대기업에 일반화되어 있는 투자대비수익을 분석하라는 요구를 받지 않는다. 부서별로 수익률 경쟁도 없다. 접근법이 다른 것이다.

그는 동양종교와 인도여행이 자신에게 미친 영향을 1985년 플레이보이 지와의 인터뷰부터 일관되게 진술해왔다. 특히 아이작슨에게 자신의 심중을 자세히 털어 놓았는데 인도에서 돌아온 후 그는 "서구 사회의 광기와 이성적 사고가 지닌 한계를 목격했다"고 밝혔다.

"인도에 갔을 때보다 미국으로 돌아왔을 때 훨씬 더 큰 문화적 충격에 휩싸였습니다. 인도 사람들은 우리와 달리 지력을 사용하지 않았어요. 그 대신 그들은 직관력을 사용합니다. 그리고 그들의 직관력은 세계 어느 곳의 사람들보다 훨씬 수준이 높습니다.

제가 보기에 직관에는 대단히 강력한 힘이 있으며 지력보다 더 큰 힘을 발휘합니다. 이 깨달음은 제가 일하는 방식에도 큰 영향을 미쳤습니다."

"서구에서 중시하는 이성적인 사고는 인간의 본연적인 특성이 아닙니다. 그것은 후천적으로 학습하는 것이며 서구 문명이 이루어 낸 훌륭한 성취이기도 합니다. 인도 사람들은 이성적인 사고를 학습하지 않습니다. 그들은 다른 무언가를 터득했는데 그것은 어떤 면에서는 이성 못지않게 가치가 있지만 또 어떤 면에서는 그렇지 않기도 합니다. 그것이 바로 직관과 경험적 지혜의 힘입니다."

작명법

완벽주의자와 통제주의자의 면모를 지녔던 스티브 잡스는 사업체나 아이들의 이름도 아무 의미 없이 대강 짓는 법이 없었다. 고통스러운 고민과 의논 끝에 해답을 내왔다. 첫 아들 이름 정하는 일이 세탁기를 고르는 일만큼 어려웠기 때문에 아이를 한동안 '베이비 보이 잡스'라고 불렀다고 한다. 잡스는 세탁기 하나를 사면서 가족과 2주일 동안 심사숙고 한 것으로 유명하다.

우선 회사 이름 애플(Apple)은 어떻게 지어졌을까? 잡스의 공식적인 설명은 부르기도 쉽고 컴퓨터의 딱딱한 느낌을 중화시킬 수 있으며 또 전화번호부에도 자신이 다니던 회사 아타리(Atari) 앞에 나올 수 있기 때문에 애플을 선택했다고 주장했다. 그의 친구 다니엘 콧키는 잡스가 사과농장에서 『디톡스 식습관의 치유 체계』를 읽고 과일 다이어트에 더욱 확신을 얻은 후 회사 이름을 애플로 지었다고 증언했다.

하지만 사과는 잡스에게 훨씬 더 복잡하고 미묘한 의미를 내포하고 있다. 사과는 『지금 이곳에 존재하라』를 포함해 그가 읽었던 다수의 서적에서 중요한 모티브로 작용하고 있다. 특히 『우주의식』에서 사과는 인류의 정신세계를 단순의식에서 자아의식으로 한 단계 끌어올리는데 결정적인 역할을 했고 잡스가 『우주의식』에서 크게 영향을 받았음은 플레이보이지와의 인터뷰에서 잘 드러난다.

잡스가 평생을 곁에 두고 해마다 읽었던 『어느 요가 수행자의 자서전』에서도 저자의 스승이 창세기를 재해석하자 저자는 아담과 이브에게 동지적인 감정을 느낀다. 뒤 파트에서 살펴볼 『디톡스 식습관의 치유 체계』의 저자인 아르놀트 에렛도 에덴동산이 과일농장이었을 것이라고 추측했다. 사과와 같은 과일은 인류 본원의 낙원음식이라고 지칭한 것이다.

이런 다양한 에덴동산의 알레고리 속에서 사과는 잡스의 잠재의식 속에 강하게 각인되어 있었던 것이 아닐까? 그래서 회사 이름을 애플로 정하고 막내 딸 이름을 이브로 정한 것은 아니었을까?

잡스는 자신이 아버지임을 부정했던 첫째 딸 리사(Lisa)의 작명에도 관여했다. 리사는 어린아이에게 동양식 이름을 지어주던 사과농장(All One Farm)에서 태어났지만 잡스가 미국식 이름을 주장해서 리사로 결정되었다. 구체적으로 리사의 이름을 어떻게 정했는지는 확실하지 않다. 다만 모나 심슨이 소설 형식으로 풀어낸 잡스 이야기『보통 남자』에서는 리사의 어머니 크리스앤이 어렸을 때 가지고 놀았던 유일한 인형 이름을 따랐다고 했다.

잡스는 자신이 리사의 부친임을 부정했지만 리사의 이름만은 사용했다. 애플II의 후속모델로 그래픽 유저 인터페이스를 처음으로 차용한 컴퓨터 개발 프로젝트를 리사(Lisa)라고 명명했고 잡스는 딸 이름을 따른 경우라고 인정했다. 기구하게도 그는 어린 리사를 버렸고 그 대신 리사 프로젝트에서도 버림받았다. 하지만 그는 나중에 소녀가 된 리사를 되찾아 품었고 애플의 수장으로 복귀했으니 리사 프로젝트도 결국 그에게 돌아온 셈이다.

첫 아들 리드(Reed Paul Jobs)는 잡스가 다녔던 리드(Reed) 대학과 아버지 이름인 폴(Paul)을 따랐다는 것이 일반적인 견해다. 하지만 잡스나 아내 파월은 이를 부정했다. 그냥 부르기 쉬워서 그렇게 지었다는 것이다. 그건 마치 연세대학교에 다니던 사람이 나중에 아이를 낳아 이름을 김연세로 지었는데 사실 연세대학교와는 무관하다고 우기는 케이스다. 그렇게 고민하고 지은 이름이 하필이면 자신이 다녔던 대학과 '우연히도' 같을 수가 있을까?

그 연원을 찾기 힘든 이름이 1995년 태어난 둘째 딸 에린(Erin Sienna Jobs)이다. 에린은 아일랜드(Ireland)라는 뜻인데 잡스와 아일랜드의 연관은 초기부터 애플 공장이 아일랜드에 있었다는 정도다. 잡스가 아일랜드 공장을 생각하며 에린의 이름을 지었을 것 같지는 않다.

잡스를 따라가며 한 가지 세웠던 가설은 그가 그토록 사랑했던 〈호울 어쓰 카탈로그(Whole Earth Catalog)〉에서 영향을 받았을 가능성이었다. 이 잡지의 편집장인 스튜어드 브랜드(Steward Brand)는 지구가 우주의 한 섬일 뿐이라는 생각을 전파하려 노력한 사람이다. '아일랜드(Ireland)라는 의미의 에린은 브랜드의 섬(Island)에 대한 경의가 아니었을까?' 하는 가설이지만 이내 포기하고 말았다. 너무 끼워맞춘 느낌이 들었기 때문이다.

잡스는 에린이 아일랜드를 의미한다는 사실조차 몰랐을 수도 있다. 아들 이름을 리드로 짓고 사람들이 자신의 학교와 연관시키는 게 귀찮아 둘째는 그냥 부르기 편한 이름으로 선택했을지도 모른다. 에린은 역사적으로 흔한 이름이 아니었다. 하지만 잡스의 둘째 딸이 태어났던 1990년 중반을 전후해 에린이라는 이름이 미국에서 본격적으로 사용되기 시작했다.

에린의 미들 네임인 Sienna는 도요타의 미니밴을 연상시킨다. 잡스의 유별난 일본 사랑과 자동차 사랑이 접합된 결과로 해석하기 쉽지만 사실 토요타의 Sienna는 에린이 태어나고 2년이 지난 1997년 출시되었다. 잡스가 예지력이 있었다면 모를까 성립되지 않는 설명이다.

흥미로운 이름은 1998년도에 태어난 이브다. 잡스의 잠재의식 속에 담겨있던 에덴동산과 사과에 대한 여운이 애플을 만들어 냈듯이 이브 또한 같은 연유로 만들어진 게 아닐까?

다른 해석도 가능하다. 1985년 자신이 만든 회사에서 자신이 데리고 온 CEO에 의해 쫓겨났던 잡스는 1997년 화려하게 복귀했다. 막내 딸이 태어나 자신에게 사과(Apple)를 건넨 존재라고 생각했을지도 모른다.

또 다른 가능성은 1997년 발간된 모나 심슨의 『보통 남자』다. 잡스의 인생을 판박이로 가져다 놓은 주인공이 설립한 회사 이름이 제너시스(창세기)고 주인공 아내 이름이 이브 파커(Eve Parker)다. 현실에서는 애플과 로렌 파월이다. 잡스가 막내 딸 이름을 이브로 지으면서 그가 그토록 자랑스러워 했던 예술가 동생과 사랑했던 아내에게 동시에 애정을 표할 수 있었을 것이다. 이브는 동생의 소설에 대한 오마주일 수도 있다.

잡스가 『보통 남자』를 읽었는지에 대한 논란이 있다. 그는 인터뷰에서 그 책을 읽었다고 했지만 아이작슨에게는 상처받을까봐 읽지 않았다고 말을 바꿨다. 로렌은 잡스가 "그 책을 휙휙 훑어보고는 자신에게 건네며 대신 읽어 보라"고 했다고 말했다.

잡스가 『보통 남자』를 읽지 않았다는 것은 100% 거짓말일 거다. 잡스는 아마 그 책을 처음부터 끝까지 밑줄 쳐가며 탐독했을 것이다. 그는 동생이 예술가라는 사실을 매우 자랑스러워해 동생의 소설을 넥스트 서고에 왕창 꽂아놓고 공짜로 나누어 주기도 했다.

그런 동생이 자신에 대해 쓴 책을 읽어보지 않았거나 그냥 "휙휙 훑어봤다"는 건 믿기 힘든 일이다. 로렌은 몰랐거나 아니면 잡스와 공모했을 수도 있다. 잡스는 세상에 하나 밖에 없는 친동생을 논란의 중심으로 끌어들이고 싶지 않았을 게다. 다시 그녀를 잃을 수는 없는 일이었다.

또 한가지 흥미로운 사실은 1990년대 초반 잡스의 성격이 유해지고 리사의 양육을 맡는 등 인성이 부드러워진 모습을 보인 때가 로렌을 만난 시기와 일치하지만 동생 심슨이 자신에 대한 소설 『보통 남자』를 쓰던 시기와도 겹친다. 1980년대 중반 오빠를 만났던 심슨은 6년이라는 준비기간을 거쳐 자신의 세 번째 소설인 『보통 남자』를 1996년 출간했다.

그 과정에서 리사와 절친이 되었고 온갖 정보를 수집했다. 리사는 이를 전혀 눈치채지 못했지만 심슨은 오빠에게 최소한의 언질이라도 주지 않았을까? 아니 이 모든 과정을 비밀로 했다손 치더라도 영리한 잡스와 로렌 부부는 일찌감치 눈치채고 있었을 게다.

자신의 사생활과 과거 전력을 온전히 알고 있는 동생이 자신에 대한 소설을 쓰고 있다. 잡스가 착해질 동기가 충분하지 않았을까? 그렇다면 자신의 지저분한 과거에도 불구하고 동생의 '선처'를 바라볼 수도 있었고 그래서 1992년 딸 리사를 데려와 4년 동안 양육한 것은 아니었을까? 재미있는 사실은 리사가 잡스를 떠난 시기와 『보통 남자』가 출간된 시기가 묘하게 겹친다는 점이다.

다시 작명법으로 돌아가, 사실 이름에 대한 집착은 스티브 잡스의 가족력이 아닌가 싶다. 그의 동생은 『보통 남자』에서 리사에 해당하는 아이 이름을 제인으로 지었는데 그녀의 풀네임은 Jane Di Natali다. 모나 심슨과 잡스의 생부이자 리사의 생물학적 할아버지인 Jandali(풀 네임은 Abdulfattah John Jandali)와 많이 닮지 않았는가?

또 한 가지 재미있는 사실은 모나 심슨과 결혼했던 리차드 아펠이 변호사이자 코미디 작가였는데(기묘한 조합이다) 우리가 잘 아는 심슨 가족의 대본을 쓰기도 했다. 그는 주인공 호머의 어머니를 자신의 아내 이름을 따서 모나 심슨으로 지었다. 스펠링까지 똑같다. 스티브 잡스와 그의 동생 내외(그들은 나중에 이혼했다)는 심슨 가족만큼이나 재미있는 집안이다.

PART 03　*Steve Jobs*와 다이어트

> 늘 태어나자마자
> 버림 받았다는 박탈감과 자신은 특별하다고 여겼던
> 자부심 사이에서 줄다리기 했던 스티브 잡스에게 에렛의 논리는
> 모종의 타협점을 제공한다.

Steve Jobs와 다이어트

이 세상 생명체는 자연계에 존재하는 원소만으로 상상하기 힘들 만큼 정밀한 메커니즘으로 작동하고 생식하며 진화하는 기적과도 같은 존재다. 특히 인간은 고도의 기억능력과 사유능력까지 보유한 기적 중의 기적이다. 앞으로 아무리 과학이 발전한다고 할지라도 인류가 고등동물은 커녕 하찮은 초파리나 모기같은 곤충이나마 똑같이 만들어낼 수 있는 가능성은 제로다. 인간 같은 고등동물은 말할 나위도 없다.

하지만 아무리 복잡하고 정밀하게 작동한다고 해도 인간 역시 생체기계에 불과하다. 인간이 대사를 통해 사유·행동·생식 등의 산출물을 만들어 내려면 그 연료가 필요하다. 우리의 상식은 그 연료가 물과 음식이라는 점이다. 그리고 그 에너지원으로 주로 어떤 음식을 섭취하느냐에 따라 채식주의자, 육식주의자로 나뉜다. 채식주의자는 비건, 락토-오보, 페스코 등으로 세분화된다.

다이어트 습관은 개인의 인생에 많은 영향을 미친다. 자신의 건강뿐 아니라 사회생활이나 가정생활과 연관되는데 스티브 잡스처럼 식생활이 독특한 이도 드물 게다. 그는 육류를 철저히 멀리하는 채식주의자였고 그중에도 사과를 매우 즐겨 자신을 과일주의자로 불렀다. 또한 당근만을 섭취하는 식습관을 유지하기도 했다.

그는 중학교 때 이웃이 기르는 유기농 과일과 채소를 접하며 독특한 식습관을 형성하다 고등학교 3학년이 끝나갈 무렵부터 사과 같은 과일만 먹는 다이어트를 시도하기 시작했다.

잡스가 자신의 식습관의 이론적인 근거를 찾고 스스로의 방식을 평생 고수할 수 있었던 것은 이 파트에서 다룰 두 권의 서적과 직접적인 관련이 있다. 그의 건강뿐 아니라 연애, 결혼, 투병 등에 규정적인 힘을 발휘했고 그의 일상생활 습관도 좌지우지 했던 두 책자는 『작은 지구를 위한 식습관』과 『디톡스 식습관의 치유 체계』다.

잡스가 두 책에서 받은 영향을 논하기 전에 우선 그의 식습관부터 자세히 살펴보자.

| Jobs는 어떤 채식주의자인가? |

채식주의자는 고기를 먹지 않는 이들을 일컫는다. 하지만 채식주의자도 여러 단계가 있다. 가장 과격한 부류가 고기는 물론 우유, 벌꿀, 생선, 달걀 등 동물성 성분은 전혀 섭취 하지 않는 비건(vegan) 채식주의자다. 이보다 한 단계 낮은 측이 락토-오보(lacto-ovo) 혹은 오보-락토 채식주의자로 이들은 우유, 벌꿀, 달걀은 섭취하되 생선은 멀리한다. 해산물까지도 먹지만 육류는 피하는 이들을 페스코(pesco) 채식주의자라 부른다.

잡스는 락토-오보 채식주의자와 페스코 채식주의자의 중간 지점에 있었다. 채식주의자였던 만큼 당연히 고기는 멀리했지만 해산물은 섭취했다. 그가 가장 사랑했던 음식이 초밥 아니었던가?

사실 어류는 그가 즐겨 읽었던 책에서 다루지 않는 회색지대에 있는 음식이었다. 모두 육류를 금하고 있을 뿐 어류에 대해서는 명확한 기준이나 언급이 없다. 그래서 사람들은 잡스를 페스코 채식주의자로 분류하곤 한다. 가수 이효리 씨를 비롯해 최근 채식주의에 영향 받은 여러 연예인들이 여기에 속한다. 이들은 육류를 멀리하지만 유제품과 해산물은 섭취한다.

하지만 잡스는 우유, 달걀 등을 멀리했다. 그래서 나중에 암으로 고생할 때 의사들이 고단백 영양분을 위해 달걀을 섭취하라고 충고했지만 그는 이를 따르지 않았다.

잡스는 독특한 스타일의 채식주의자였던 셈이다. 엄밀히 말하면 그는 초밥이라는 예외를 인정하는 비건 채식주의자라고 할 수 있다. 단식을 즐기고 과일과 채소, 특히 사과와 당근에 집착했지만 초밥을 용인했던 희귀한 다이어트를 고수했다.

01_ 『작은 지구를 위한 식습관』

프랜시스 무어 라페의 『작은 지구를 위한 식습관』은 1971년 처음 출간되어 전세계적으로 3백만 부가 팔린 베스트셀러다. 1975년 개정판이 나왔고 출간 10년째와 20년째를 맞아 새로운 판을 내놓았다. 그녀는 시종일관 육식문화에 대해 시비를 건다. 육식위주의 식습관은 사람들의 건강에도 좋지 않고 전세계적인 가난과 기아를 해결하는데도 도움이 되지 않는다고 주장한다.

라페가 진심 어린 연구 끝에 발간한 이 책은 잡스가 언급했듯이 발간 직후인 1970년대 초반 많은 사람들에게 읽히면서 채식주의 붐을 불러왔고 아직까지도 중요한 책으로 거론되는 역작이다.

| 핵심 논지 |

왜 지구상에서 기아가 사라지지 않을까? 많은 전문가들은 식량 부족을 주원인으로 거론한다. 공급이 수요를 따라가지 못하기 때문에 배불리 먹을 수 없는 부류가 생긴다고 주장한다. 하지만 라페의 생각은 다르다. 지구는 인류 전체에게 충분한 양의 곡물을 제공하고 있지만 이를 배분하고 소비하는 행태가 문제다. 그리고 그 중심에 '육류와 권력'이라는 문제가 도사리고 있다.

미국에서 1파운드의 쇠고기를 생산하기 위해서는 약 16파운드의 곡물이 필요하고 2,500갤런의 물이 소요된다. 1리터짜리 PET병 9,500개를 쏟아부어도 쇠고기 한 근을 생산하기에 역부족이다. 쇠고기는 미국인의 주 단백질원이다. 하지만 그들은 평균적으로 신체에 필요한 단백질 양의 2배 가량을 섭취한다. 우리 몸은 단백질을 저장하지 못하기 때문에 결국 섭취한 단백질의 절반을 몸 밖으로 배설해 버린다.

이런 비효율적인 시스템을 유지하기 위해 미국 곡물 생산의 절반 가량이 가축사료로 사용된다. 16파운드의 곡식을 들여 1파운드의 쇠고기를 만들고 이를 여유 있는 자들에게 제공하는 방식이다.

국제적으로도 마찬가지다. 미국이 수출하는 곡물의 2/3가 유럽향이고 그 대부분이 사료용이다.

미국의 극빈자들이나 가난한 나라의 사람들은 곡물을 살 여유가 없다. 그래서 잉여곡물은 가축에게 가고 그들의 고기는 이미 곡물로 충분히 배를 불린 부자들에게 되돌아간다.

지난 수만 년 동안 풀을 뜯어 인류에게 우유와 고기라는 양질의 단백질을 제공했던 '단백질 공장' 소가 이제는 단백질 폐기장으로 변한 것이다. 20세기 초반만 해도 미국에서 곡물을 섭취하는 소는 거의 없었지만 1970년대 초반 그 비율이 75%에 달했다.

처음부터 곡물로 소비되었다면 제3세계 기아문제를 쉽게 해결할 수 있었을 텐데 육류소비에 중독된 사회구조 때문에 기아자가 발생하는 것이다. 하루에 쇠고기 한 근을 먹는 사람의 소비량을 곡물로 환산하면 10kg에 달하지만 가난한 사람은 아예 곡물조차 구경하지 못하는 부조리한 상황이 발생한다. 부자들은 엄청난 양의 곡물을 고기 형태로 낭비하고 빈자들은 곡물에 대한 접근 자체가 제한되거나 금지된다.

당연히 기아의 근본 문제는 식량의 부족이 아니라 육식이다. 그럼 해결책으로 육류 생산을 더욱 늘리면 안되나? 불가능하다. 전세계 사람들이 미국인과 같이 육류위주 식단으로 전환하려면 농작물 생산이 2배는 늘어야 한다. 지금도 대규모 단일경작으로 토양침식 등의 문제가 발생하고 있다는 점을 감안하면 무리한 목표다.

개인적 차원의 채식주의는 문제의식을 환기하는 좋은 방법이지만 근본적인 해결책이 될 수는 없다. 불평등한 권력의 배분이 그대로 남아있기 때문이다. 핵심은 '우리가 어떻게 권력을 분배할 수 있을까?' 하는 문제다. 즉 근원적인 해결책은 민주화다. 투표소에서 행해지는 정치적 민주화가 아니라 재화를 배분하는 의사결정과 그 혜택을 좌우하는 권력을 힘없는 자들에게도 제공하는 경제적 민주화다.

이와 함께 육류가 가장 최상의 단백질을 제공하고 단백질 양은 많으면 많을수록 좋다는 신화를 버려야 한다. 또한 육류소비를 사회적 지위나 남성성과 관련시키는 인식도 근절해야 한다. 지구를 위해 좋은 다이어트가 개인 건강에도 좋다. 육류 위주 식단은 인류역사로 보면 비교적 최근에 시작된 일이다. 인류는 지난 수백 년간 채식 위주의 식단을 유지해 왔기 때문에 우리 소화기관이나 신진대사 메커니즘은 채식에 익숙하다.

| 프랜시스 무어 라페 |

프랜시스 무어 라페(Francis Moore Lappe)는 유니테리언(Unitarian)파 부모님 밑에서 1944년 2월 오레곤에서 태어나 텍사스에서 자랐다. 유니테리언은 삼위일체를 부정하고 하나님만을 유일한 신으로 받든다. 그 결과 예수의 신성이 부정되고 원죄와 예정설, 성경의 무오류성 등을 회의의 대상으로 삼는 기독교 분파다. 라페 자신은 퀘이커교 계열의 대학교를 나왔다.

퀘이커교는 17세기 영국 청교도 운동 극좌파로 동양철학적인 요소가 담긴 명상과 수련을 통해 '뉴에이지 운동'을 불러 일으켰다. 교회에 가지 않아도 하나님을 내적으로 받아들일 수 있다고 믿는다. 아무 말 없이 무언의 명상을 통해 성령이 내리는 것을 최우선시한다.

'인간이 가진 신성'을 주목해 성서의 의미는 격하되고 단체적 명상을 통한 내적 계시가 더 중시된다. 즉 내면의 빛을 통한 신과의 직접 소통을 강조한다. 우리가 잘 알고 있는 함석헌 신부가 퀘이커교 신봉자다. 그들은 열심히 교회 가서 헌금하고 죽어서 천당 가느니 현세의 평화와 사회정의에 힘쓴다.

잡스와 관련된 이들 중 유독 정통 기독교와 벗어난 이들이 많았다. 라페뿐만 아니라 『모비딕』에 등장하는 아합 선장과 1등 항해사 스타벅도 모두 퀘이커 교도들이다. 다음 장에서 살펴볼 『혁신기업의 딜레마』 저자인 클레이턴 크리스텐슨은 독실한 모르몬교 신자다. 이들은 직업성직자를 두지 않고 교인들이 스스로 공동체를 형성한다. 일부다처제를 인정하는 종파로 소문이 나서 고역을 치렀지만 현재까지 그런 제도를 용인하는 것은 아니다.

우연일 수도 있지만 잡스가 공부했던 동양철학과 코드가 맞아서 발생한 일일 수도 있다. 그가 영향을 받았던 동양종교 서적은 역사적 인물로서의 예수를 위대한 선지자로 인정하고 그의 이적도 받아들인다. 단지 그의 신성을 부정할 뿐이다. 궁극적 신은 따로 존재한다.

라페는 스스로를 베트남전과 시민권리 운동 그리고 가난과의 전쟁이라는 어젠더에 큰 영향을 받은 전형적인 60년대 세대라 규정한다. 특히 그녀는 베트남전에서 많은 것을 배웠다. 전쟁 발발 초기에는 정부 논리를 그대로 믿었지만 수년이 지나고 베트남전의 이면을 접하면서 사회운동에 투신해 사람들이 겪는 고통의 원인이 무엇인지에 대해 천착한다.

그 고통의 핵심원인을 깨닫기 전에는 성급히 행동하지 않겠다는 원칙을 세우고 행한 첫 번째 결단이 1969년 버클리 대학원을 중퇴하는 일이었다.

라페에 따르면 버클리 중퇴는 그녀 일생에서 가장 중요한 사건이었다. 잡스가 연상되는 부분이기도 하다. 어디서부터 시작할지 막막했지만 당시 그녀 주위에는 대안적 식생활을 시도하는 이들이 많았고 그들에게 자극 받은 그녀의 관심은 자연스레 음식으로 옮겨갔다.

라페는 이내 미국에서 생산되는 곡물 중 절반이 사료용으로 쓰이며 이 곡물들은 극히 일부분만이 육류라는 형태로 사람에게 제공된다는 점, 그리고 대부분의 미국인이 과도한 단백질을 섭취한다는 사실을 학습했다. 그녀는 기아의 근본원인이 식량부족이 아니라 곡물의 비효율적인 사용과 편중임을 직시했고 이 문제의 해결을 위해 권력의 재분배가 이루어져야 한다고 확신했다.

민주주의는 투표소에만 있는 정치적인 것이 아니라 가난한 사람들에게 재화와 서비스에 대해 보다 강한 접근성을 보장하는 경제적인 것이라는 결론에 이르게 된다.

그녀는 이런 내용을 1장짜리 유인물에 인쇄해서 사람들에게 나누어주는 일부터 시작해 결국 1971년 베스트셀러가 된 『작은 지구를 위한 식습관』를 발간했다. 그후 라페는 그녀의 신념을 전파하기 위해 갖가지 노력을 다했다. 실천을 위한 조직을 세우고 새로운 저술 활동을 하며 일생을 식량운동에 바쳤다.

초기에는 요리책 저자로 알려져 TV프로그램에 출현해 콩이나 쌀을 볶기도 했다. 자신이 뜻한 바와 다른 방향이었지만 대중들에게 다가갈 수 있는 좋은 기회로 생각하고 최선을 다했다.

한번은 심야 토크쇼에서 UFO전문가와 대담한 적이 있었는데 사회자가 UFO에서 먹는 음식에 대해 물었다. 그녀는 이때다 하고 냉큼 육식의 문제점과 권력의 이슈에 대해 장광설을 풀어 놓았고 사회자는 다시금 그녀에게 질문을 던지지 않았다.

그녀는 딸과 함께 여전히 왕성한 저술과 실천활동을 벌이고 있으며 20세기 세계적으로 가장 큰 변화를 이끈 여성 중 한 명으로 평가받고 있다.

02_『디톡스 식습관의 치유 체계』

『작은 지구를 위한 식습관』에서 라페는 채식을 주장하지만 음식이 열량의 유일한 근원이라는 사실 자체를 부정하지는 않는다. 채식이 건강이나 사회를 위해 더 좋긴 하지만 육식을 원천적으로 거부하지는 않았다. 라페는 자신이 채식주의자가 아니라고 말한다. 실제 그녀가 제시하는 수백 가지의 레시피 중 거의 모두에 과일이나 채소 외에 달걀, 버터, 우유, 마가린 등이 첨가된다.

그녀는 합리적인 시각을 바탕으로 보다 낳은 사회와 개인의 건강 모두를 위해 육류소비를 줄이고 채식 쪽으로 가자고 주장하면서도 필수 영양분의 균형이 중요하다고 강조한다.

반면 『디톡스 식습관의 치유 체계』와 『이성적인 단식』을 저술한 아르놀트 에렛은 극단주의자다. 그는 육류뿐 아니라 쌀, 빵, 시리얼 등에 대해서도 문제제기를 한다. 한 발 더 나아가 그는 아예 음식을 섭취하지 않는 단식을 더 선호했다. 우리 신체의 메커니즘에 대해 주류적인 과학·의학 상식과는 다른 인식에 기반해 있었기 때문이다.

| 핵심 논지 |

심장이 우리 몸의 근원이라는 기존의 믿음과 달리 에렛은 인간 신체의 중심은 허파라고 생각했다.

그가 보기에 인간은 공기라는 가스로 작동하는 메커니즘을 가지고 있고 폐가 엔진에 해당한다. 반면 심장은 밸브에 불과하다. 심장이 혈류를 만드는 것이 아니라 피가 흘러 심장을 작동하게 만든다고 믿었다. 그의 아버지와 형제가 결핵으로 사망한 가족력 때문에 허파의 중요성에 대해 강박적인 신념을 가졌을 가능성도 있다.

여하튼 인간의 신체가 공기 중의 산소에 의해 작동하는 구조라면 음식물은 중요성이 현저히 떨어진다. 그래서 음식물의 공급을 끊어 버리든지(단식) 아니면 무해한 음식물을 소량으로 섭취하든지 해야(소식) 건강을 유지할 수 있다. 에렛은 우리 몸에 나쁜 영향을 미치는 음식물의 성분을 점액질(mucus)로 정의했고 과일이나 녹말성분을 포함하지 않는 채소, 허브, 견과류 등을 점액질 없는 음식으로 분류해 권장했다.

기존에 필수 영양소로 여겨지던 단백질이나 지방은 점액질을 과다하게 포함한다며 배척했다. 특히나 달걀과 육류를 금했고 우유는 최고로 끈적한 점액질 성분을 만든다며 1급전범으로 취급했다. 감자나 쌀도 그의 입장에서는 나쁜 음식이었다. 그는 인간의 모유에 포함된 단백질 성분이 3%에 미치지 못함을 지적하며 성장을 위해 단백질을 다량 섭취해야 한다는 믿음을 맹렬히 비판했다.

세상에는 감기, 폐렴, 결핵, 암 등 수천, 수만 가지의 질병이 있지만 그 공통적 원인은 끈적거리는 점액질을 다량 포함한 외부물질이 체내로 유입되기 때문이다. "인생은 영양의 비극"이고 만병의 원인은 잘못된 음식 섭취 때문이다. 인체는 공기로 작동하는 긴 튜브로 이루어진 기계인데 점액질이 그 튜브의 흐름을 방해해 막힘 현상이 생기면 국지적으로 흐름이 원활하지 않는 부분이 병으로 나타난다.

따라서 이를 치유하기 위해서는 막힌 부분을 풀어줘야 하고 유일한 해결책은 음식조절이다. 에렛은 짐승들이 아플 경우 음식을 줄이는 것으로 자연 치유를 시도한다고 주장했다. 나쁜 음식들 때문에 쌓인 점액질을 몸 밖으로 배출하는 것이다. 하지만 인간은 아플수록 고단백질 음식들을 억지로 먹이려 한다. 점액질을 제거할 수 있는 절호의 기회를 활용하지 못하고 추가적인 점액질로 신체를 더럽히는 것이다.

그가 보기에 약물치료는 최악의 접근법이다. 인공적으로 생성된 화학약품은 10년이 지나도 우리 몸 속에 남아 점액질 상황을 악화시킨다. 에렛이 보기에 고영양식과 약물치료를 병행하는 현대의학은 자연을 거스르는 최악의 치료법인 것이다. 불임도 마찬가지다. 이를 해결할 수 있는 방법은 단식과 과일 위주의 식단이다. 탈모나 수염이 없는 경우도 점액질과 연관된다. 비듬은 점액질이 마른 형태다.

그의 사상은 '활력(vitality) = 본원적 힘(power) – 방해요소(obstruction)' 라는 방정식으로 정리할 수 있다. 미지의 요소인 본원적 힘을 지닌 인간이 그 힘 전부를 활력으로 전환하지 못하는 이유는 방해요소 때문이다.

방해요소는 외부물질, 즉 우리의 혈액에 존재하는 혈독이나 점액질 등 신체 내부의 불순물을 일컫는데 방해요소가 많이 쌓인 사람일수록 본원적 힘을 발휘하지 못하고 활력이 떨어진다. 그러다 방해요소가 본원적 힘을 넘어서게 되면 그는 활력을 잃고 작동을 멈추고 만다. 즉 사망에 이른다.

에렛의 주장은 수많은 지점에서 기존의 상식과 충돌한다. 그는 아침을 많이 먹는 식습관이 최악이라고 지적하며 기상 후 간단한 음료만 섭취하고 10시에서 11시 사이에 아침식사를 할 것을 권한다. 점심은 건너뛰고 저녁도 너무 이르지 않게 5시나 6시 이후에 먹어야 한다고 강권한다. '하루 두 끼만 먹되 아침은 늦게 저녁도 늦게, 그리고 양도 조금만 먹어라', 이게 에렛 선생의 모범 식단이다.

우리나라 어머니들이 들으면 펄쩍 뛸 소리다. 협박 반, 애원 반으로 아이의 아침을 꼭 먹이는 집사람이 들으면 '미친 놈'이라고 할 게 틀림없다. 하지만 중요한 건 스티브 잡스를 포함한 많은 이들이 에렛의 지시를 충실히 따랐다는 사실이다.

에렛은 사람들이 필요량보다 10배 이상 과다한 영양을 섭취하고 그것도 대부분 해로운 음식으로 구성되어 있다고 여겼다. 이로 인해 점액질이 평생 축적되어 우리 건강을 해치고 다양한 질병으로 나타난다. 그는 여성 몸이 매우 깨끗하다면 불순물질을 방출하는 생리가 사라진다고 주장했다. 깨끗해지는 과정에서 생리는 매달이 아닌 몇 달에 한번 일어나고 나중에는 사라진다고 믿었다.

임산부도 많이 먹으면 안 된다. 우리는 이미 평소에 필요량의 10배 정도 더 섭취하니까 임신 후 평소 2배를 먹는다면 실제 필요량의 20배를 공급하는 셈이다. 이는 에렛이 보기에 임신 중에 아이를 반쯤 죽여놓는 행위다. 산모가 무점액의 완벽한 상태를 유지한다면 산통도 없고 태어난 아기는 울지도 않는다. 갓난아기도 가능하면 빨리 과일주스를 숟가락으로 떠먹이는 다이어트로 가야 한다는 것이 그의 생각이다.

| 아르놀트 에렛 |

아르놀트 에렛(Arnold Ehret)은 1866년 독일 남쪽 지방에서 태어난 단식 전도사다. 부친이나 조부의 직업이 의사나 수의사로 의학에 관심이 많을 수밖에 없는 가정환경에서 태어나고 자랐다. 특히 아버지와 형제를 결핵으로 잃었고 어머니 또한 신장염을 앓았다. 그 또한 심장병으로 군에서 조기제대 했으니 건강에 집착할 수밖에 없었다.

에렛은 31살에 사구체신염으로 불리는 브라이트병 진단을 받고 유럽의 유명한 의사들을 만났으나 치료불가 판정이 나오자 요양소를 전전하는 등 대안적인 치유 방법을 찾아 나섰다. 1899년 30대 중반의 나이에 베를린에서 채식주의를 공부했으며 나중에는 자연치유법, 자기치료법, 정신적 치료법 등 새로운 접근법을 연구하다 아프리카 북부 알제리에서 인생의 중요한 전기를 맞게 된다.

프랑스 사이클 선수였던 피터와 자전거 여행을 하며 단식을 곁들인 과일 위주의 식단을 실험해 보았다. 에렛은 거의 먹지 않았지만 활력이 넘쳤고 서울에서 부산의 4배나 되는 거리를 14일 만에 주파했다.

1909년 독일로 돌아왔다가 프랑스 남부에서 이탈리아 북부로 여행하며 56시간을 연속해서 걷기도 했고 이집트, 팔레스타인, 터키, 오스트리아 등 다양한 국가를 여행하며 그의 혁명적인 다이어트를 시험했다. 1909년에는 여러 번의 단식을 이어갔고 그 해 총 105일 동안 음식을 입에 대지 않았다. 관리들의 감시 하에 최장 49일에 이르는 동안 금식을 함으로써 세상의 이목을 끌었다.

1914년 파나마 운하의 건설을 목도하기 위해 미국으로 건너갔다가 제1차 세계대전이 발발하면서 미국에 주저앉았고 요양원에서 근무하다 스스로 요양원을 차리기도 했다.

그는 자신의 이론을 설파하기 위해 미국 대륙을 횡단했고 강연 내용을 책으로 묶은 것이 그의 대표작인 『디톡스 식습관의 치유 체계(Mucusless Diet Healing System)』이다. 이 책은 스티브 잡스에게도 많은 영향을 미쳤다. 이 책을 마무리한 직후인 1922년 10월 초 안개가 짙게 낀 어느 날 56살의 에렛은 단식의 효용에 대한 강의를 마치고 귀가하던 중 습하고 미끄러운 거리에서 넘어지는 바람에 인생을 마감하게 된다. 얼음에 미끄러지면서 베란다 기둥에 머리를 부딪히고 운명한 『우주의식』의 저자 리차드 모리스 벅과 흡사한 최후였다.

에렛은 천수를 누리지 못한 채 50대 중반의 나이에 파란만장 했던 인생을 마감했다. 하지만 그의 이론 체계를 고려해 볼 때 에렛이 사고사를 당한 것은 다행한 일이었는지도 모른다.

에렛은 지속적인 단식과 과일·야채 다이어트로 점액질과 혈독 등 방해요소를 최소화한 선구자다. 그의 이론이 맞다면 방해요소(obstruction)를 최소화한 그는 인간의 본원적 힘(power) 모두를 손실 없이 활력(vitality)으로 전환해야만 한다. 즉 그는 인간 몸이라는 기계에 주어진 수명의 극한을 보여주어야만 했다. 에렛은 『이성적인 단식』에서 자신의 다이어트 체계가 아름다움을 되찾는 젊음의 샘이라고 우기기도 했다.

벤츠나 BMW가 독특한 논리로 자신들의 차량이 세계 최고의 엔진과 성능을 지녔다고 광고한 모델이 판매한지 몇 년 만에 고장 나 버린다면 세평이 어떻겠는가? 아무도 최고라는 주장을 믿으려 하지 않을 것이다. 에렛도 마찬가지였다. 만병의 근원인 점액질, 즉 방해요소가 최소화된 최고 효율의 신체를 자랑했던 그가 초로의 나이에 질병으로 사망했다면 그의 이론은 김이 새어 버렸을 게다.

하지만 그는 사고로 사망했다. 에렛의 이론이 완벽히 타당하다고 가정하더라도 체내 점액질 제거가 사고까지 예방할 수는 없는 일이다. 내부적인 건강문제와 별개로 우리는 외부의 큰 충격을 감내할 수 있게 설계되어 있지 않기 때문이다.

만약 에렛이 사고사로 56세에 삶을 마감하지 않고 100세 넘게 살았다면 그의 이론은 더욱 큰 인기를 누렸을 것이다. 하지만 50대 말에 병사했을 수도 있다. 그랬다면 그의 이름과 이론은 묻혔을 가능성이 높다. 그는 사고사로 운명을 달리하는 바람에(그가 의도하지는 않았겠지만) 자신을 통해 무점액질 다이어트 이론을 증명할 수 있는 기회를 박탈당했고 전설로 남을 수 있었다. 에렛의 사고사 이후 많은 사람들이 그를 추종했고 지금도 여전히 그의 가르침을 따르는 '에렛주의'가 현존하고 있다.

자연 치료법이나 자연으로의 회귀를 주창한 18세기와 19세기 유럽과 북미의 사조를 잇고 있는 에렛의 점액질 논리는 1960년대 미국 서부 캘리포니아주의 히피 문화 융성과 더불어 재조명 받게 된다. 특히 1970년대에 들어서 에렛의 대표작인 『디톡스 식습관의 치유 체계』와 『이성적인 단식』이 다시 출간되기도 했다.

이런 분위기에서 리드 대학에 다녔던 스티브 잡스도 가까운 이들의 호평과 권유를 통해 에렛의 책을 접할 기회를 가졌을 것이다. 동양의 연기론이 떠오를 수밖에 없다. 그들이 시간적인 차이를 극복하고 서적을 통해 조우한 것은 엄청난 인연이었다. 만약 에렛이 아버지나 형제처럼 병사했다면, 그가 제1차 세계대전으로 미국에 눌러 앉지 않았다면, 또는 그가 사고사로 죽지 않았다면 그의 이론이 1960년대와 70년대 다시 인기를 누리는 일은 없었을 것이고 잡스를 만나는 일도 불가능했을 것이다.

03_ 잡스의 다이어트

잡스는 라페의 『작은 지구를 위한 식습관』를 읽고 "육식을 영원히 멀리하기"로 결심했다. 아이작슨은 잡스가 이 책을 읽고 "장 청소를 통한 정화나 단식, 혹은 한 가지나 두 가지 음식만 먹는 방식 등 극단적인 식생활을 수용하도록 부추겼다"고 했지만 사실과 거리가 있는 분석이다. 라페는 과일과 채소 외에도 시리얼이나 빵 종류를 용인했고 실제 그녀가 제시하는 레시피에는 달걀, 버터, 우유, 마가린, 바닐라 등이 단골손님이다.

심지어 그녀는 자신이 채식주의자가 아니며 채식 위주의 식단에 소량의 육류를 첨가하거나 가끔씩 육류를 섭취하는 것은 크게 문제되지 않는다는 입장이었다. 그녀는 한두 가지 음식에 기반한 다이어트를 추천하기는커녕 채식으로 인해 단백질 생성이 부족해질 수 있다는 점을 지적했다. 특히 단백질을 구성하는 22가지의 아미노산 중 인체에서 자체 생산하지 못하는 8종의 필수아미노산의 섭취에 관심이 많았다.

필수아미노산이 풍부한 음식으로 달걀, 우유, 수산물을 들며 음식물의 상보적 관계 때문에 다양한 음식을 한 번에 섭취하는 섭생의 중요성을 이론적으로 강조했고 자세한 레시피를 통해 구체적인 식단을 제시했다.

잡스가 읽었을 1971년 버전에는 포함되어 있지 않았지만 나중 버전에서 에페는 채식주의자 식단으로 영양소를 유지하는데 두세 가지 경우를 제외하고 큰 문제가 없다고 결론 내렸다.

그중 하나가 과일에만 의존하는 식단이다. 즉 에페에게도 잡스 식의 극단적인 다이어트는 위험한 일이었다. 잡스가 에페에게 배운 것은 육식이 갖는 사회적·생리적 문제점이었고 육식을 더욱 싫어하게 하는 효과가 있었겠지만 딱 거기까지만이다.

잡스는 에페의 책을 읽기 전부터 채식주의 식단을 시도했고 그가 즐겼던 종교 관련 책인 『어느 요가 수행자의 자서전』이나 『지금 이곳에 존재하라』는 모두 채식과 과일을 권하지만 과일주의자(fruitarian)를 강요하진 않는다.

잡스의 식습관은 『디톡스 식습관의 치유 체계』에서 시작되었다고 해도 과언이 아니다. 그가 20세 전후로 접했던 이 책이 그의 기괴한 식생활의 거의 대부분을 설명해주고 있다. 에페가 달걀의 필수아미노산 구성이 완벽하다고 칭송했던 반면 에렛은 다량의 점액질 때문에 달걀이 육류보다 더 나쁘다고 폄하했다. 에페는 균형있는 식단을 제안했지만 에렛은 한 가지 계절 과일로 식단을 구성하는 편(mono-diet)이 이상적이라고 주장했다. 에페는 단식에 대한 일언반구도 없었지만 에렛은 기본적으로 단식이 소식보다 낫다고 생각했다. 에페가 온건한 채식위주의 식단을 권했다면 에렛은 단식주의자였다.

"단식에 들어가서 일주일이 지나면 정말 황홀한 기분을 느낄 수 있어요. 소화시킬 게 아무것도 없는 데서 비롯되는 엄청난 활력을 얻을 수 있다는 얘깁니다. 몸 상태도 안팎으로 최상에 이르지요. 당시 저는 어느 때건 벌떡 일어나 샌프란시스코까지 걸어갈 수 있을 것 같은 기분이었어요."

잡스가 아이작슨에게 이른 이 문장은 에렛과 싱크로율 100%다. 에렛이 단식을 칭송했던 바로 그 이유를 제기하며 활력(vitality)을 언급한다. '활력 = 본원적 힘(power) − 방해요소(obstruction)' 라는 에렛 방정식을 풀어 말한 것이다. 에렛의 영향으로 잡스는 극단적인 식상활을 평생 유지하며 사과나 당근 같은 '무점액질 음식'만 섭취하는 다이어트를 지속했다.

사실 사과나 당근은 에렛이 특히나 중시한 음식은 아니었다. 에렛은 과일에 포함된 포도당의 중요성을 여러 번 강조했지만 사과에 대한 특별한 애정을 표시하지는 않았다. 소가 평생 풀만 먹어도 건강한 것처럼 한 번에 한 가지 음식만 먹어야 한다고 주장했지만 당근을 특정하지도 않았다.

사과나 당근 모두 점액질 없는 음식으로 갈아타기 위한 전환기 식단의 주요 메뉴이긴 하지만 잡스의 사과·당근 사랑은 유별난 면이 있다. 신선한 계절과일을 권한 에렛의 영향으로 캘리포니아에서 구하기 쉬웠던 사과에 대한 애정은 수긍하기 쉽다. 특히 잡스는 사과농장과도 인연이 깊지 않았던가? 하지만 당근은 아직까지도 미스터리다.

여하튼 에렛 덕분에 애플은 사과가 아닌 회사가 되었고 애플 대표제품 이름도 사과의 한 품종인 매킨토시가 채택되었다(매킨토시는 잡스가 아닌 초기 매킨토시 프로젝트의 리더인 제프 래스킨의 아이디어였지만 회사 이름이 애플이 아니었다면 래스킨이 매킨토시를 제안하지도 않았을 것이다).

많은 전문가들이 잡스의 유별난 식단이 그의 건강에 부정적인 영향을 미쳤다고 지적해왔다. 에렛이 주장한 극단적인 식이요법에 대해 반대하는 이들의 주요 포인트는 단백질과 지방 부족이 가져올 수 있는 일련의 부작용이다. 단백질은 우리 몸에 저장되지 않는 영양성분이라 매일 음식을 통해 섭취해야만 한다. 그래야 신진대사가 활발해지고 근육작용도 원활해지며 조직 구조도 튼튼해진다. 단백질이 부족하면 필수 영양분인 아미노산도 부족해지고 신체 조직이 다친다.

지방은 저장되지만 새로 보충되지 않으면 결국 체내 비축분이 고갈되어 우리 장기에 악영향을 미치게 된다는 게 상식이고 이런 상식적인 지식을 기반으로 에렛을 비판한다. 하지만 잡스는 에렛을 맹신했고 그가 주장한 무점액질 식단을 지켜 사과와 당근을 선호했다. 가끔은 단식도 했다. 심지어 그는 자신은 점액질이 없으니 냄새가 나지 않아 샤워도 할 필요가 없다고 생각했다. 『이성적인 단식』에 나오는 내용이다.

젊은 잡스의 몸에 물이 닿을 때는 스트레스를 풀기 위해 변기에 발을 담그고 물을 내릴 때 외에는 드물었다. 당연히 그의 나쁜 체취는 다른 사람들과의 관계에서 매우 민감한 문제로 부각되곤 했다. 전문가들은 극단적 섭생이 체취를 없애는 게 아니라 오히려 악화시킬 수 있다고 경고한다.

2003년 췌장암 진단을 받고도 9개월 동안 절제술을 받지 않았을 때도 잡스나 그의 아내 공히 잡스가 "몸을 절개할 각오가 안되어 있었다"고 아이작슨에게 일렀지만 사실 잡스 머리 속에는 에렛이 들어있었을 가능성이 높다. 에렛은 "모든 질병은 점액질(mucus)이 우리 몸의 튜브를 막아서 생기는 것이고 이를 해결하기 위해서는 단식과 점액질 없는 음식을 통해 이 막힘을 뚫어야만 해결된다"고 하지 않았던가? 암도 마찬가지다.

점액질 논리를 믿는다면 수술은 해결책이 아니다. 몸 일부를 절개해서는 막혀있는 튜브를 뚫을 방법이 없다. 에렛은 약물 또한 상황을 악화시킬 뿐이라고 주장했다. 실제로 잡스가 췌장암을 극복하기 위해 시도한 방법은 주로 신선한 당근과 과일 주스로 구성된 엄격한 채식 위주의 식단을 고수하고 침술과 다양한 약초 요법을 병행한 것이었다. 기본적으로 에렛의 충고를 따랐다.

2008년 암이 재발했을 때도 마찬가지다. 췌장과 다른 장기의 일부가 절개된 상황에서 의사들은 단백질·지방이 거의 없는 사과나 당근 대신 달걀과 같은 고단백 음식을 권했다. 하지만 잡스는 의사의 말을 곧이곧대로 따르지 않았다. 달걀은 에렛이 점액질 식품의 대표주자라고 백안시했던 바로 그 음식이다. 그는 체중이 줄어들면서 무슨 생각을 했을까? 너무 늦었다는 것을 깨닫기 전까지 자연치유되고 있다고 생각하지는 않았을까?

| 에렛주의의 흔적 |

사실 잡스는 과일주의자(fruitarian)가 아니라 에렛주의자(Ehretist)라는 범주가 타당하다. 그만큼 에렛의 주장이 그의 인생 전반을 관통해서 광범위한 규정력을 가졌다. 에렛은 음식의 간소함(simplicity)을 강조했다. 간소함은 스티브 잡스의 평생 화두 중 하나로 발전한다. 이렇듯 에렛의 영향력은 비단 식단과 투병뿐 아니라 그의 철학과 생활에 투영되었다.

그가 만난 중요한 사람들 중 많은 이들이 채식주의자였다. 젊었을 때 만난 절친 대니엘 콧키야 종교적 신념을 공유했으니 그렇다 쳐도 그의 첫 번째 애인인 크리스앤 브레넌과 그의 아내 로렌 파월, 그리고 그를 이어 애플을 이끌고 있는 팀 쿡 모두 채식주의자이다. 파월 이외에 잡스가 사랑했다고 공언한 유일한 여성인 티나 리지 또한 채식주의자였을 것이다. 그녀에 대한 정보는 거의 알려진 것이 없지만 모나 심슨의 『보통 남자』에 나오는 리지의 분신 올리비아는 다이어트에 대해 라페와 동일한 입장으로 채식주의를 고수했다.

에렛의 흔적은 유독 음식에서만 나타나는 것이 아니다. 산책을 유독 좋아했던 그의 생활습관과도 관련된다. 그는 이미 홈스테드 고등학교 재학 당시 학교까지 열 다섯 블록을 걷는 것에 재미를 들였다. 아마도 그가 존경해마지 않았던 HP의 두 창시자 빌 휴렛과 데이비드 팩커드의 걸어 다니는 경영(Management by Walk-Around)과 관계가 있지 않나 싶다.

하지만 그의 유별난 산책 사랑에는 에렛의 역할이 더욱 컸다.

존 스컬리와 최후 담판을 할 때도, 친동생을 처음 만났을 때도, 딸 리사와의 동거를 의논할 때도, 애플이 넥스트 인수를 논의할 때도, 마이크 마쿨라를 이사회에서 내쫓기 전에도, 픽사와 디즈니의 합병을 논의할 때도, 암에 걸려 수술할지를 고민할 때도 그는 어김없이 산책을 했다. 에렛은 인체를 공기를 원료로 하고 허파라는 엔진이 구동시키는 기계로 바라보았다. 심장은 밸브에 불과하고 이 기계의 유지에 음식물은 매우 부자연스러운 투입요소라고 생각했다.

공기와 물이 합쳐서 추동력을 만들고 햇빛은 조미료 역할을 한다. 태양을 바라보며 영근 '햇빛 음식' 과일은 이 기체엔진을 원활히 하는 포도당을 함유하고 있는 중요한 인풋이다.

에렛은 숲 속에 있는 맑은 공기와 다양한 건강물질들이 '눈에 보이지 않는 음식(invisible food)'이고 언덕을 오르는 것이 호흡을 부드럽게 증가시켜 연료를 효과적으로 주입하는 가장 자연스러운 방법이라 단언했다.

그래서 그 에렛이 가장 중요시하고 다른 사람들에게 권했던 것이 공기와 햇빛을 한꺼번에 섭취할 수 있는 산책이었고 잡스는 이를 평생을 두고 지켰다. 또한 그의 한 손에는 늘 또 다른 필수연료인 생수통이 들려 있었다.

비즈니스맨들이 점심이나 저녁을 함께 하며 사업을 논의하고 중요한 결정을 내린다면 잡스에게는 산책이 오찬이나 만찬이었을 것이다. 왜냐하면 생명에 가장 필요한 음식인 공기, 햇빛과 물을 함께 흡수하는 방법이니 말이다.

사실 이는 에렛만의 주장은 아니었다. 람 다스는 『지금 이곳에 존재하라』에서 빛이 가장 순수한 형태의 에너지고 인간은 햇빛 에너지만으로도 생존이 가능하다고 했다. 『어느 요가 수행자의 자서전』에서는 수십 년간 음식을 전혀 섭취하지 않은 바바 지라와 같은 성자를 소개한다.

특히 잡스가 "심오하다"고 했던 『지금 이곳에 존재하라』는 호흡과 산책의 중요성에 대해서 갈파하고 있지만 온건한 형식으로 말한다. 과일주의와 산책에 대한 집착은 그의 경험에서 시작해서 종교서적을 읽으며 강화되었다가 에렛을 만나면서 이론적 근거를 세우고 확립된 것으로 보인다.

반면 에렛은 격한 운동을 권하지 않았다. 잡스가 원래부터 동적인 활동보다 정적인 면을 좋아하긴 했지만 그가 프로스포츠의 천국 미국에서 끝끝내 야구, 풋볼, 농구, 아이스하키 어느 것에도 관심을 보이지 않았던 이유도 에렛 때문이 아니었을까?

| 불우한 천재 |

아이작슨에 따르면 잡스는 에렛의 식이요법을 무의식적으로 추종했고 파월은 끊임없이 그것이 정신 나간 짓이라고 말하며 "에렛이 걷다가 넘어지는 바람에 머리를 부딪쳐 쉰여섯에 사망했다는 점"을 상기시켰다. 파월 입장에서는 잡스가 에렛의 미망에 사로잡혀 끝까지 현명하게 처신하지 못하는 것이 안타까웠을 것이고 에렛이라는 인간이 지긋지긋했을 거다. 그리고 잡스는 에렛과 같은 나이인 쉰여섯에 생을 마감했다.

사실 에렛의 논리는 헛점이 많다. 건강한 여성은 생리가 멈춘다든지 아니면 산모가 굶어야만 한다든지 하는 주장은 일반적인 상식과 어긋난다. 그는 심지어 식이요법 관련 교수가 아니라 회화 교수였다. 그런데 무엇이 명민하고 냉철했던 잡스로 하여금 그토록 에렛의 사상에 집착하도록 만들었을까? 이것은 또 하나의 수수께끼다. 잡스를 평생 괴롭혔던 그의 출생 비밀과 관련한 단초가 하나 있다.

에렛의 주장 중 가장 큰 논란거리는 아마도 천재가 형성되는 과정일 것이다. 그는 아이의 성별이 수정 당시가 아니라 그 이전에 정해진다는 가설을 제시했다. 제1차 세계대전 중 유럽에 사내아이들 출생이 늘어난 것을 두고 에렛은 음식이 부족하니 부모들의 몸이 깨끗해지고 성관계를 자주 맺지 못해 사랑의 기운이 넘쳐 성적으로 우수한 사내아이들이 많이 태어나는 것이라고 주장했다.

그는 또한 천재는 남자여야 한다는 생각을 가졌고 메디치의 예를 들었다. 수백 년 전 흑사병이 유럽에 창궐했을 때 일군의 젊은이들이 플로랑스 지방에 칩거하며 최소한의 음식으로 연명했는데 이들이 결혼해서 이룬 것이 메디치 가문이라는 것이다. 에렛의 논리는 소식과 단식 덕분에 이들의 몸이 정화된 상태였고 그래서 유럽의 정치·예술·과학을 이끈 위대한 남자 천재들이 많이 나올 수 있었다는 것이다.

유태인 부부가 결혼 당일 금식을 하는 것도 같은 이유라고 여겼다.
그래서 에렛이 보기에 위대한 인물은 가난한 집안에서 많이 등장한다. 부모들이 경제력이 부족해서 충분한 음식물을 섭취하지 못하는 집안에서 천재가 나온다고 본 것이다. 그리스도가 그런 셈이다.

늘 태어나자마자 버림 받았다는 박탈감과 자신은 특별하다고 여겼던 자부심 사이에서 줄다리기 했던 스티브 잡스에게 에렛의 논리는 모종의 타협점을 제공한다. 그의 생물학적 부모가 장인(잡스의 생물학적 외할아버지)이 허락지도 않은 어려운 상황에서 잡스를 출산했다는 사실은 천재적인 능력을 가진 사내아이를 낳기 위해 필요한 요소라고 볼 수도 있게 된 것이다.

유복한 집안에서 정상적으로 태어나서 성장하지 못한 것이 저주가 아니라 축복이 될 수도 있다는 말이다. 메디치 선조들의 어려움이 결국 가문의 영광으로 이어진 것과 동일한 맥락이다.

잡스는 평소에도 대부분의 사람이 멍청이고 생각하고 자신은 특별하다고 여겼고 자신과 급이 비슷한 천재들은 크게 대우했다. 애플 스토어에 가보면 지니어스 바(Genius bar)도 있지 않은가? 그가 생각해낸 아이디어는 아니었지만 전적으로 그가 수용한 아이디어였다. 잡스와 단짝이자 소프트웨어 엔지니어였던 앤디 허츠펠드는 잡스가 아인슈타인, 간디 같이 "소수의 특별한 사람들이 존재"하고 "자신도 그런 소수에 속한다"고 생각했다고 아이작슨에게 전했다.

잡스는 에렛의 책에서 자신의 출생에 대한 좌절감을 해결할 실마리를 찾았고 그를 믿기로 작정한 것이 아니었을까? 또한 그래서 그가 그토록 아들 리드를 좋아한 것은 아니었을까? 암 진단을 받았을 때 리드가 졸업하는 모습을 꼭 보고 싶다며 그가 반신반의하던 신에게 기도하기도 했고 애플 새 사옥을 지을 때도 리드의 지나가는 말 한 마디에 디자인을 통째로 바꾸기도 했다.

잡스는 첫 딸 리사나 어린 두 딸인 에린과 이브에 비해 리드와 더 좋은 관계를 유지했다. 리드의 고등학교 졸업식에 참석해 행복해 했고 자신의 자전거를 선물하며 "이건 빚이 아니야. 너는 내 DNA를 물려받았잖아"라고 말하는 모습을 보면 그는 우리가 아는 스티브 잡스가 아닌 듯하다.

그런 모습 속에서도 에렛을 읽어냈다면 지나친 억측일까? 아쉬운 점은 이미 잡스가 떠났으니 이런 극도로 개인적인 사실들을 확인할 방법이 없다는 점이다.

일본과 한국

스티브 잡스의 주위에는 유색인종을 찾아보기 힘들다. 그 자신에게 중동국가인 시리아인의 피가 섞여 있지만 그의 주위에는 백인이 압도적으로 많았다. '다르게 생각하라(Think Different)' 캠페인에 등장하는 무하마드 알리나 마틴 루터 킹, 그리고 여러 채널을 통해 인연이 있었던 버락 오바마 대통령을 제외하면 그가 흑인과 교류했던 경우는 손에 꼽는다.

아시아 쪽은 더 심하다. 그는 젊었을 때 인도 여행을 하기도 했고 인도인이 저술한 『한 요가 수행자의 자서전』을 평생 가까이 두며 읽었지만 인도와의 인연은 크게 발전하지 않았다.

그가 모한다스 간디의 사진을 지갑에 지니고 다녔으며 안경도 그를 벤치마킹한 느낌이 든다는 것을 감안하면 이 점은 선뜻 이해가 가지 않는다. 인도뿐 아니라 다른 주요 아시아 국가인 중국과 한국도 잡스의 사랑을 받지 못했다.

유일한 예외가 일본이다. 잡스는 일본을 사랑했다. 그는 소니 창립자인 아키오 모리타를 존경했고 애플은 컴퓨터 업계의 소니가 되어야 한다고 공언했다. 그의 일본 선사인 고분 치노를 넥스트의 정신적 조언자로 임명했고 그에게 결혼 주례를 맡기기도 했다. 일본의 정원을 극찬했고 일본 음식인 스시를 좋아하고 일본 문화인 미니멀리즘을 찬양했다.

10대가 된 아이들을 데리고 방문한 곳도 모두 일본이었다. 리사도 리드도 에린도 모두 교토로 향했다. 그렇게 일본을 자주 드나들었지만 신기하게도 비행기로 한 시간 남짓 거리인 한국에는 좀처럼 발을 들이지 않았다.

그는 일본 소니사 직원들이 유니폼을 착용한 모습을 보고 애플에도 똑같은 유니폼을 도입하려고 소니 유니폼을 디자인 한 일본인 디자이너 이사이 미야케의 샘플을 갖고 귀국했지만 직원들의 반발로 실패한 경험도 있다.

하지만 그는 유니폼을 입었다. 바로 그의 트레이드 마크인 터틀넥 말이다. 이 또한 미야케의 작품이었다. 옷차림에 그닥 신경쓰지 않는 동생 모나 심슨에게 깜짝 선물로 보낸 같은 옷 세벌의 디자이너도 미야케였다.

넥스트 시절 견학이나 야외 수련회를 갈 때면 일본 무술 고수들을 초대하기도 했고 공장은 간반방식(일본식 생산방식)을 적용했다. 평생 5,000명이 넘는 사람을 인터뷰해서 뽑았다는 잡스가 마지막으로 고용한 사람도 실리콘 밸리에서 유명한 일식집 운영자(일본인)였다. 그래서 자신이 즐겨먹던 초밥과 메밀국수를 애플 캠퍼스 내에서도 맛볼 수 있게 했다.

일본도 보답을 했다. 잡스가 세운 넥스트가 어려웠을 때 일본 기업 캐논이 잡스에게 1억달러가 넘는 투자를 진행했다. 캐논이 없었다면 넥스트는 어떻게 되었을지 모르고 잡스가 애플을 되찾을 수 있었을지도 미지수다.

반면 잡스는 한국과의 관계가 거의 없었다. 1983년 한국을 찾아 삼성의 고 이병철 회장을 만나 사진을 찍기도 했지만 잡스는 이 경험을 언급한 적이 없다. 마치 그의 머리 속에는 일본만 있지 한국은 없는 듯하다. 애플의 강력한 경쟁자인 삼성도 아이작슨의 전기에 반도체 제조사로 딱 한 번 이름이 언급됐을 뿐이다. 삼성과 애플과의 관계에 비하면 심하다 싶을 정도다.

중국이나 대만도 매한가지다. 잡스의 사고 속에 그 두 나라와 한국은 그저 대형 제조업체의 극동 생산기지 정도 이상의 의미는 없었던 것 같다.

흥미로운 점은 잡스가 소프트뱅크의 창립주인 손정의 회장과 가까웠다는 점이다. 2011년 잡스 사망 이후 손 회장은 그해 초 잡스와의 마지막 만남에서 몸이 나으면 같이 초밥이라도 먹자고 했는데 아쉽다고 할 정도였다.

잡스는 손 회장이 한국인이라는 사실을 알았을까? 만약 알았다고 해도 그 점은 잡스에게 그다지 중요하지 않았을 것이다. 손 회장의 핏줄이 한국인이라 할지라도 그는 일본에서 사업을 하고 일본에 머무는 사실상 일본 사람이다. 잡스가 스스로를 시리아인이라고 생각하지 않았듯이 손 회장도 한국인으로 여기지 않았을 게다.

PART 04 Steve Jobs와 비즈니스

> 요컨대 크리스텐슨 교수는
> 잡스의 독특한 경영 철학과 스타일에 세례를 내린 사람이다.
> 잡스가 죽음을 앞두고 부쩍 기업 영속성 이야기를 강조한 것은
> 그 주제로 평생을 연구한 크리스텐슨 교수에 대한
> 오마주가 아니었을까?

Steve Jobs와 비즈니스

01_ 『혁신기업의 딜레마』

기업도 인생과 닮아있다. 인간은 태어나서 성장하고 병들고 나중에는 사멸한다. 인간이 80세 정도를 사는데 비해 기업의 생로병사 사이클은 10년 남짓 밖에 안 된다. 집에서 기르는 애완견보다 평균수명이 짧다. 기업의 평균 수명이 짧은 이유는 사람으로 치면 유아사망률이 높기 때문이다. 즉, 창업 초기에 자리를 잡지 못해 무너지는 기업이 많다는 것이다. 평균적으로 약 20%의 기업만이 30살 생일을 맞을 수 있다.

30세가 넘어서도 안심할 수 없다. 급격한 경기변화와 산업구조 개편에 따라 언제 무너질지 모른다. 지난 50년간 계속 한국에서 10대 그룹의 면모를 이어온 곳은 삼성과 LG 밖에 없다. 20세기 초 미국 100대 기업에 속했던 기업 중 지금도 여전히 100대 기업에 남아있는 회사는 GE 딱 하나다.

인간의 수명에는 상한선이 있다. 성경에는 1,000년씩 산 선조들의 이야기가 등장하지만 기록상 확인한 바 아직 125세를 넘긴 사람은 없고 의학이 발전해도 150세를 넘기기는 어려울 것으로 관측된다. 하지만 기업의 수명에는 상한선이 없다. 지속적으로 성장할 수 있다면 천년 만년 계속될 수 있고 실제 백제인이 6세기 후반에 세운 일본 건축회사 콘코구미는 1,400년이 지난 지금까지 명맥을 유지하고 있다.

중국을 통일한 진시황이 꿈꾼 개인적인 영생은 헛된 미망이지만 기업적인 영생은 어려울지라도 물리적으로 불가능한 일은 아니다. 그래서 성공한 다수의 경영자들에게 기업의 영속성(going concern)은 큰 화두다. 개인적인 장수에는 크게 연연치 않았던 스티브 잡스도 기업의 장수에 매우 집착했다. 애플사의 영속성은 위대한 제품을 만드는 것과 함께 그에게 가장 중요한 두 가지 염원이었다.

잘나가던 기업이 왜 쇠락하고 결국은 멸망의 길로 접어들게 될까? 무수한 경영자와 학자들이 이 문제에 천착해왔고 다양한 모델과 설명을 제시했지만 아직 명확한 답을 얻지 못했다. 기업의 생로병사에 대한 비밀을

캐는 일은 인체의 신비에 대한 연구만큼이나 어렵다. 기업의 성장과 쇠퇴에는 무수히 많은 변수가 작용하고 경기상황이나 규제, 자연재해 등 기업이 통제할 수 없는 외부변수도 많기 때문이다.

하지만 인류는 전진한다. 인체의 신비가 속속 밝혀지고 있듯이 기업의 흥망성쇠에 대한 연구도 진행형이다. 특히 1등 기업이 실패할 수밖에 없는 이유에 대한 보석 같은 책이 있으니 클레이턴 크리스텐슨이 집필한 『혁신기업의 딜레마』다. 『혁신기업의 딜레마』는 테크놀로지 회사를 주된 예로 삼아 아직 IT 붐이 본격화되기 이전인 1997년 출간되어 실리콘 밸리에서는 성경으로 받아들여지는 서적이다.

특히나 스티브 잡스 역시 이 책을 탐독한 것으로 알려져 있다. 그의 공식 자서전에서 잡스에게 깊이 영향을 미쳤다고(deeply influenced) 적시했고 실제 그의 기업관이나 인사정책에는 크리스텐슨의 흔적이 보인다.

| 경영학의 아인슈타인, 크리스텐슨 |

클레이턴 크리스텐슨(Clayton Christensen)은 1952년 4월 유타주에 있는 솔트레이크시티에서 넉넉하지 않지만 독실한 모르몬교 집안의 여덟 자녀 중에 둘째로 태어났다. 아버지는 여덟 개에 달하는 지역 교회를 관장하는 일을 맡았고 어머니는 TV 뉴스 앵커로 일했다.

그는 예일 대학과 하버드 대학에서 동시에 입학 허가를 받을 만큼 출중했지만 독실한 모르몬교 신자인 어머니의 권유대로 유타주에 소재한 브리검 영 대학으로 진학, 경제학과를 우수한 성적으로 졸업했다. 브리검 영(Brigham Young)은 19세기 유타주의 예수그리스도 후기성도 운동을 주도했던 인물이다.

크리스텐슨은 20대 중반이던 1971년부터 1973년까지 선교를 위해 한국에 머물기도 했다. 그의 공식 인터넷 사이트 신상정보에는 1970년대 초반 한국의 어린아이들과 찍은 사진이 공개되어 있다. 이 사이트는 그가 한국어도 유창하게 구사한다고 전한다. 키가 2미터가 넘어 당시 한국인들의 탄성을 자아내었을 거구의 크리스텐슨은 '구자선'이라는 한국 이름도 있다. 한국을 사랑해서 미국으로 돌아간 후에도 온 가족이 여전히 김치를 즐긴다고 한다. 한국 생활을 마치고 영예로운 로즈 장학생으로 선발되어 영국 옥스퍼드 대학교에서 계량 경제학을 전공했다. 모르몬교에서 성경만큼이나 중시하는 모르몬경을 이미 7번이나 읽었지만 옥스퍼드에서 매일 저녁 새로이 모르몬경을 읽고 기도하다 1975년 가을 성령을 접했다고 고백했다.

1979년 하버드 비즈니스 스쿨에서 MBA를 우등으로 졸업한 그는 유수의 컨설팅회사 경력에 레이건 행정부 때 백악관 근무도 경험했고 직접 회사를 설립하기도 했다. 1992년 하버드에서 박사학위를 받았고 그해 교수직을 맡으며 학자와 비즈니스 연구자의 길로 들어섰다.

이후 크리스텐슨은 여러 권의 저술과 논문을 통해 세계적인 명성을 얻었다. 그는 하버드 비즈니스 리뷰 중에서 최고의 논문에 수여하는 맥킨지상을 다섯 번이나 수상했다. 세계 일류대학 교수들이나 연구자들이 하버드 비즈니스 리뷰에 기고 한 편 하는 것을 크나큰 영광으로 여기는데 그는 '올해의 최고 논문상'을 다섯 차례나 받은 것이다.

그의 첫 번째 저술이었던 『혁신기업의 딜레마』는 밀리언 셀러에 반열에 오르며 많은 기업 경영자들에게 지대한 영향을 미쳤고 무수한 상과 전세계적인 찬사를 받았다. 실리콘 밸리는 그의 저서를 성경이라 불렀을 만큼 많은 IT 기업에서 그의 아이디어를 차용했다. 2011년 영국의 이코노미스트는 『혁신기업의 딜레마』를 역사상 가장 위대한 6권의 비즈니스 서적 중 하나로 선정했다.

인텔의 최고경영자이자 스티브 잡스의 멘토였던 앤디 그로브(Andy Grove)도 『혁신기업의 딜레마』에 깊은 감동을 받고 그를 초청해 직원들을 대상으로 특강을 부탁했고 그의 조언에 따라 저가시장에 진출하기도 했다. 이후 앤디 그로브는 컴덱스 박람회 기조연설에서 『혁신기업의 딜레마』를 보여주며 10년 동안 자신이 읽은 책 중에서 가장 중요한 책이었다고 선언했다.

마이크로소프트의 창업자 빌 게이츠(Bill Gates)도 그를 자신의 사택에 초청해 조언을 구했고 사업가 출신 정치인 마이클 블룸버그(Michael Bloomberg)는 그의 저서를 지인들에게 선물했다고 한다.

『혁신기업의 딜레마』는 크리스텐슨 교수를 경영학계의 슈퍼스타로 만들었다. 세계 굴지의 기업을 운영하는 기업가들이 조언을 위해 크리스텐슨 교수에게 전화를 걸고 마치 순례를 하듯 그의 보스턴 사무실을 방문한다. 그의 통찰력이 워낙 뛰어나기 때문이다. 과연 '경영학의 아인슈타인'이라고 불릴 만하다.

탄탄대로를 걷던 크리스텐슨 교수는 2009년 말 55세의 나이로 혈액암 말기를 선고 받았다. 하지만 그는 언론 인터뷰에서 그 당시 전혀 슬픔을 느끼지 않았다고 회상했다. 선한 삶을 살아왔고 가족들을 다시 천국에서 만나리라 확신했기 때문이다. 그의 어머니도 췌장암 진단과 함께 시한부 인생을 선고 받았을 때 남편과 먼저 간 아이를 만날 수 있어 기뻐했다고 한다.

크리스텐슨 교수의 말기 암은 오진으로 판명되어 완치되었지만 곧 뇌졸중으로 쓰러져 재활에 힘을 쏟았다.

그는 하버드 비즈니스 스쿨에서 MBA학생들 2학년 선택과목으로 기업의 설립과 존속에 대한 강의를 맡아왔다. 기업의 존속은 『혁신기업의 딜레마』의 핵심 주제이기도 하다.

크리스텐슨 교수의 프로필은 위키피디아 영문판과 그의 공식 웹사이트 그리고 2012년 뉴요커에서 취재한 그의 프로필 기사 〈거인들이 무너질 때(When Giants Fail)〉를 참고했다.

| 왜 성공한 기업이 곧 실패하는가? |

크리스텐슨이 『혁신기업의 딜레마』를 저술하면서 가진 핵심적인 질문은 '왜 성공한 기업이 실패를 경험하는가?' 였다. 성공이 지속되지 않는 이유를 비즈니스적으로 접근한 것이다. 사실 성공한 기업은 풍부한 현금을 무기로 많은 돈을 들여 엘리트 경영자를 영입하고 연구개발에도 박차를 가한다. 자신의 경쟁력을 올리고 고객의 소리에 세심히 귀 기울이며 새로운 기술을 개척한다.

그런데 왜 실패하는가? 흔히들 성공한 기업들의 오만과 이로 인한 고객의 외면이나 경영진들의 판단 실수가 쌓여 기업들의 지반을 약화시킨다고 생각한다. 하지만 크리스텐슨 교수는 정반대의 결론을 내렸다. 잘된 기업이 내리막길을 걷는 이유는 "훌륭한 경영진이 제대로 된 판단을 하기 때문이다. 그리고 그 근간에 교란적인 기술(disruptive technology)이 존재한다"라고 했다.

교란적인 기술(disruptive technology)은 다양하게 번역되고 있다. '파괴적인 혁신기술'이라고 부르기도 하고 일부에서는 '비연속적 혁신기술'이라고 명명한다. 하지만 여기서는 교란적인 기술이라고 번역하겠다. 파괴적인 혁신기술, 비연속적 혁신기술이라는 용어는 disruptive technology가 바람직하고 매우 혁명적인 기술이라는 오해를 불러일으킬 수 있기 때문이다. 사람들이 상상도 못했던 새로운 기술이라는 느낌을 준다.

하지만 disruptive technology는 오히려 기존 기술보다 성능은 떨어지지만 단순하고 저렴하며 고객들이 사용하기 편리한 기술을 일컫는다. 고객들이 하고 싶었지만 못했던 일을 가능하게 해주는 기술이다. 이의 반대말이 지속적 기술, 즉 sustaining technology다. 파괴적인 혁신기술이라는 말은 오히려 점증적인 기술(incremental technology)의 상대어인 radical technology가 더 어울릴 것이다. 크리스텐슨의 주의사항이기도 하다.

자, 이제 교란적 기술이 무엇인지 살펴보자. 교란적 기술을 설명하기 위해 그가 주목한 분야가 디스크 산업이다. 디스크 산업만큼 기술과 시장 구조, 국제적 범위와 수직적 통합이 빠르고 일괄적으로 바뀌는 분야를 찾기 힘들기 때문이다. 유전자를 전공하는 생물학자들이 초파리를 연구하는 이유는 초파리가 단 하루 사이에 수정과 출생, 성장과 사망을 겪기 때문이다. 같은 이유로 크리스텐슨 교수는 '산업의 초파리'인 디스크를 연구했다.

디스크 산업의 역사는 수십 년 동안 14인치에서 8인치로 다시 5.25인치를 거쳐 3.5인치와 2.5인치로 그리고 종국적으로 1.8인치까지 진화해 왔다. 길지 않은 시간 동안 다섯 번이나 기준이 바뀌었다. 그 와중에 직전 표준의 선두주자가 차기 표준에서도 지배력을 유지하는 경우는 3.5인치에서 2.5인치로의 전환을 제외하면 거의 없었다. 표준이 바뀔 때마다 거대 기업들이 하릴없이 무너지거나 소리 없이 사라졌다.

1980년대 3.5인치 디스크가 처음 선보였을 때 5.25인치 제품의 강자였던 시게이트(Seagate)는 3.5인치 디스크에 대한 시장조사를 펼친다. IBM과 같은 주요고객에 문의를 하자 40MB에서 60MB 사이의 용량을 요구했다. 하지만 당시 기술로 3.5인치 디스크는 20MB 밖에 제공하지 못했고 그나마 5.25인치보다 비용도 더 들었다.

시게이트는 비용도 적게 들고 고객의 요구사항과도 맞아 떨어지는 5.25인치에 집중하고 3.5인치를 포기했다. 이후 시게이트는 IBM의 XT와 AT 컴퓨터에 5.25인치 제품을 제공하며 지속적으로 높은 수익을 올렸다.

하지만 3.5인치 제품의 성능은 점점 발전했고 제품의 작은 사이즈와 가벼운 무게, 그리고 저전력 사용량이 주목을 받기 시작하자 이내 시장의 주류로 자리 잡았다. 시게이트는 1988년 뒤늦게 3.5인치 경쟁에 뛰어들었지만 시장은 1987년부터 3.5인치를 출하한 코너(Conner)가 선점하고 있었다. 시게이트는 코너가 등장하기 2년 전에 이미 3.5인치 시장에 대한 조사를 진행했다. 경영진이 나태한 것도, 고객의 목소리에 귀를 닫은 것도 아니었다. 오히려 적극적으로 시장 조사에 나섰다.

기술적으로도 3.5인치는 열등한 수준이었고 5.25인치의 성능 진화 속도가 훨씬 빨랐다. 3.5인치는 매우 협소한 저가시장이었고 5.25인치는 수익성이 높은 주류시장이었다. 어떤 기준으로 보더라도 5.25인치에 집중하는 것이 현명한 판단이었다.

시게이트는 끊임없는 혁신과 연구를 통해 5.25인치의 지속적인 기술을 개발했고 결국 시장이 요구하는 성능보다 훨씬 높은 수준에 다다르고 말았다. 반면 3.5인치 기술발전은 1980년대 말의 주요 고객이 요구하는 수준으로 발전하게 되었고 3.5인치의 장점들이 부각되며 주류시장이 되었다.

시게이트와 코너의 경우 외에도 14인치에서 8인치, 8인치에서 5.25인치로, 2.5인치에서 1.8인치로 전환할 때 똑같은 현상이 발생했다. 새로운 기술은 열등했고 성능과 수익성이 뒤쳐져 1등 기업들과 고객에게 외면 받았지만 결국 주류시장으로 성장했고 새로 진입한 후발주자들이 새로운 사이즈에서 선두주자로 부상했다.

유일한 예외로 3.5인치에서 2.5인치로 옮겨갈 때는 기존의 강자들이 지배적인 위치를 계속 유지했다. 기업가들이 뒤늦게 정신을 차린 것일까? 아니다. 2.5인치 제품은 처음부터 3.5인치보다 성능이 뛰어났다. 즉 지속적인 기술변화였고 그래서 기존 기업들이 자연스레 옮겨갈 수 있었다.

교란적 기술은 마진이 낮고 성능도 열등해 대기업은 거들떠 보지도 않는다. 신규사업자가 저가시장에 진입해 선도자 이익을 누리다 결국 대기업을 물리치고 전면에 등장하는 사례는 무수히 많다. 유압 굴삭기, 디지털 사진, 미니밀(minimill), 데스크톱 컴퓨터, 할인판매점, 잉크젯, 전기 모터장치, 심지어 인슐린까지도 그렇다.

그렇다면 기존 기업은 왜 교란적 기술에 진출하기 힘들까? 그들에게는 수지 타산이 맞지 않기 때문이다. 크리스텐슨 교수는 연매출 400억 원 기업과 4조 원 기업을 비교한다. 400억 원 기업은 신규매출을 80억 원만 늘려도 20% 성장률을 구가한다. 반면 4조 원 기업이 같은 성장률을 거두기 위해서는 8천 억 원을 추가해야 한다. 합리적인 대기업 경영자 입장에서는 당연히 단기적인 마진율이 낮은 교란적 기술를 등한시하고 높은 수익성을 보장하는 지속적인 기술에 집중할 수 밖에 없다. 고객이 원하는 바도 현재의 성능 높은 기술을 더욱 발전시키는 정책이다.

결론적으로 성공이 지속되지 않는 이유는 경영자가 열심히 일하지 않아서가 아니라 너무 열심히 일하기 때문이다. 회사의 수익을 위해 고객의 목소리에 귀를 기울이고 장기적인 성능발전에 목숨을 걸다 보니 교란적 기술이 아닌 지속적 기술에 집중하고 그래서 결국 스러지는 것이다. 그러다 회사가 어려워질 때 그들이 취하는 전략은 무엇인가? 더 잘 계획하고 더 열심히 일하며 고객에게 한 발짝 더 다가가고 장기적인 성능 향상에 더욱 힘쓰는 일이지만 상황은 악화되기 일쑤다. 그런 방식들은 지속적인 기술에 대한 집착과 의존을 강화시켜 교란적 기술이라는 대세에서 더욱 멀어지게 만든다. 이런 상황이 혁신기업의 딜레마다.

| 혁신기업의 솔루션 |

기업은 인력과 브랜드·기술·재원 등의 투입자원을 더 나은 상품이나 서비스로 만드는 프로세스와 의사결정과 판단의 기준이 되는 가치로 나뉜다. 성공한 기업이 기존 주류시장의 틀에 갇혀 교란적 기술의 도래를 제대로 파악하지 못하는 것은 이미 형성된 프로세스와 가치 때문이다. 자원이 변경된다 할지라도 프로세스와 가치는 고착화되어 자원을 규정하고 이로 인해 혁신기업의 딜레마가 발생한다.

크리스텐슨 교수는 세 가지 해결책을 제시한다. 첫 번째는 교란적 기술을 감당할 수 있는 프로세스와 가치를 지닌 젊은 조직을 인수하는 방법, 두 번째는 회사의 프로세스와 가치를 바꾸는 방법, 마지막으로 분사조직을 만드는 방법이다. 하지만 처음 두 가지 솔루션은 녹록하지 않다. 거대 조직이 젊은 기업을 인수한다 할지라도 후자의 프로세스와 가치는 거대 조직의 힘 앞에 흡수되어 사라질 가능성이 다분하다. 거대 조직 입장에서는 피인수기업의 자원만을 가져오게 된다.

또한 프로세스나 가치는 문화로 정착되어 CEO라고 할지라도 변화를 주기 매우 힘들다. 따라서 현실적인 방법은 작은 분사조직을 만들어 모기업으로부터 독립시키는 것이다. 이런 스핀오프(spin-off) 기업들은 프로세스가 확립되지 않았고 기업가치 또한 저가시장에 눈높이를 맞출 수 있어 교란적 기술이 가져오는 산업구조 변화에 선제적으로 대응할 수 있게 해 준다.

디스크 산업도 마찬가지다. 5.25인치로의 전환시기를 놓쳤던 8인치의 강자 퀀텀(Quantum)의 일부 직원들은 3.5인치의 가능성을 점치고 플러스(Plus)라는 작은 회사를 세웠다. 퀀텀은 이 스핀오프 벤처에 투자해 80%의 지분을 소유한다. 80년대 중반이 되자 퀀텀의 8인치와 5.25인치 수익은 사라지기 시작하지만 플러스의 3.5인치 시장은 급격히 성장했다.

그러자 퀀텀은 플러스의 남은 지분 20%까지 매입했고 나중에 퀀텀의 공장이 문을 닫게 되자 아예 플러스의 경영진을 퀀텀의 요직에 배치시켜 사업의 영역을 3.5인치로 교체했다.

크리스텐슨 교수도 분사를 강력히 추천한다. 그래야만 작은 회사에서 자신의 규모에 맞는 작은 기회에 집중할 것이고 나중에 교란적 기술이 표준이 되었을 때 시장 점유율을 지킬 수 있기 때문이다. 분사가 힘들 경우 그는 CEO들에게 고객의 목소리나 전문가의 시장전망에만 의존하지 말고 저가시장에 지속적인 관심을 가질 필요가 있다고 조언한다.

실제 인텔이 크리스텐슨 교수의 조언을 받아들여 재미를 봤다. 『혁신기업의 딜레마』의 애독자였던 인텔 CEO 앤디 그로버는 그의 이론에 감동을 받아 저가시장에 진출했다. 저가의 보급형 PC를 위해 셀러론(Celeron)이라는 마이크로 프로세서를 시장에 출시한 것이다. 셀러론은 데뷔 후 1년 만에 시장의 약 1/3을 차지했다. 『혁신기업의 딜레마』가 없었다면 일어나지 않았을 사건이다.

02_ 기업의 영속성

| 『혁신기업의 딜레마』와 스티브 잡스, 그리고 애플 Ⅰ |

크리스텐슨 교수는 혁신기업의 딜레마를 설명하기 위해 컴퓨터 산업과 애플의 예를 들었다. 컴퓨터도 디스크와 비슷한 분석이 가능한데 스티브 잡스가 이 대목을 읽으면서 느낀 점이 많았을 것이다.

크리스텐슨 교수는 컴퓨터 산업이 메인 프레임에서 미니 컴퓨터에 이어 PC와 휴대용 컴퓨터로 진화하는데 이를 모두 교란적 기술로 정의했다. 메인 프레임의 절대 강자 IBM은 미니컴퓨터(메인 프레임에 비해서 작다는 뜻이지 미니컴퓨터는 1970년대 대당 수억 원을 호가하는 고가의 제품이었다) 시장에서 성공하지 못했다.

미니컴퓨터에서는 HP, 왕, 프라임 등이 군림했는데 이들 모두 PC분야에 적시에 진출하는데 실패했고 애플과 IBM의 독립 부문이 PC 시장을 양분하는 것을 지켜보아야만 했다. 반면 애플과 IBM은 휴대용 컴퓨터를 개발하는데 경쟁사들에 비해 5년이나 늦었다. 크리스텐슨 교수는 애플이 혁신기업의 딜레마 덕분에 시장에 진입하여 성공했다가 바로 그 이유로 쇠락했다고 분석했다.

『혁신기업의 딜레마』가 처음 출간된 때가 스티브 잡스가 애플로 막 복귀해 한창 구조조정을 진행하던 1997년 4월이니 크리스텐슨 교수 눈에 애플은 혁신기업 딜레마의 희생양으로 보였을 것이다. 애플에 대한 구체적인 분석도 눈에 띈다. 애플의 첫 번째 히트작이자 인류가 처음 접한 대중용 PC인 애플II는 출시된 1977년과 이듬해를 통틀어 약 43,000대가 팔려서 1980년 애플이 포드 이후 가장 성공적인 주식공개를 하는데 밑거름이 되었다.

그로부터 15년이 지난 1993년 애플은 PDA 뉴턴을 출시했고 첫 두 해 동안 총 140,000대의 판매량를 기록했으니 애플II에 비해서 3배 이상 많이 판매한 셈이다. 하지만 뉴턴은 실패작으로 알려져 있다. 스티브 잡스가 애플로 복귀하자마자 없애 버렸다. 뉴턴이 실패한 이유는 당시 애플 CEO였던 존 스컬리가 시장조사를 너무 열심히 했기 때문이다.

그래서 애플은 교란적 기술의 성격이 강했단 PDA에 주목하는 성과를 거두었지만 단순성과 신뢰성이라는 덕목을 지키지 못하고 제품을 너무 복잡하고 비싸게 만드는 우를 범하고 만다. 애플 뉴턴이 실패할 수밖에 없었던 근본적 이유는 애플이 너무 커졌기 때문이다. 1970년대 말에는 제품 몇 만대만 팔아도 열광했던 작은 기업이 1990년대에는 거대기업으로 변해있었기 때문이다.

뉴턴의 첫해 판매량은 애플 전체 매출의 1% 정도 밖에 차지하지 못했고 결국 스티브 잡스는 자신을 쫓아낸 존 스컬리의 작품 뉴턴을 과감히 정리해 버린다.

스컬리는 고객의 말을 너무 많이 듣다가 실패했다. 그는 고객은 답을 알고 있다고 믿는 마케팅 마인드를 가진 전형적인 MBA 출신 엘리트 CEO였다. 수익성에 목숨 걸고 사소한 디자인 따위는 무시했다.

크리스텐슨은 때로는 고객이나 전문가의 조언을 무시할 필요가 있다고 강조하고 수익성 추구에 매몰되면 교란적 기술을 제때 채택하지 못해 위대한 기업이 무너질 수 있다고 경고한다. 그의 모토는 "존재하지 않는 시장은 분석될 수 없다"였고 사용편의·간단·저가·안정성을 갖춘 제품을 중시했다. 바로 잡스가 듣고 싶어 하는 말이었을 것이다.

잡스는 원래부터 신제품이 자사의 기존제품의 매출에 악영향을 미치는 매출잠식(cannibalization)에 대해 고려하는 부류가 아니었다. 그랬기에 AppleII가 잘 팔리고 있을 때 그래픽 유저 인터페이스를 적용한 리사 프로젝트를 운용했고 나중에 매킨토시를 개발할 때도 리사의 매출피해는 생각지도 않았다. 물론 리사 프로젝트에서 쫓겨난 반감도 있었겠지만 기본적으로 그는 매출잠식 같은 경영학적 접근보다 '미쳤다고 할 정도로 대단한(insanely great) 상품'을 만드는데 더 관심이 많았다.

제품에 대한 애착이 강했던 반면 엘리트 경영자들의 주된 관심사인 재무나 고객관리 같은 업무를 홀대했고 인사는 본인이 직접 챙겼다. 특히 시장예측과 마케팅에 대한 반감은 유명하다. 그의 입장은 크리스텐슨 교수의 저서에 깊은 영향을 받아(deeply influenced) 더욱 강화되었을 것이다.

잡스는 죽기 몇 달 전인 2011년 7월 새로운 사옥건설과 관련 시의회에 출석해서 직접 크리스텐슨 교수와 『혁신기업의 딜레마』를 언급하기도 했다. 그는 디지털 허브 전략의 중심이 컴퓨터를 넘어 클라우드 쪽으로 옮아가야 한다고 주장하면서 이러한 변혁을 꾀하는 이유가 크리스텐슨 교수가 말한 '혁신기업의 딜레마' 때문이라고 지적했다.

"무엇인가 처음 고안한 사람들이 대개 그것을 넘어서지 못한다는 의미지요. 우리는 분명 뒤쳐지는 것을 원치 않습니다." 그가 이해하는 혁신기업의 딜레마이고 기존 사업이나 모델에 대한 집착을 버리지 못해 교란적 기술에 뛰어 들지 못하는 사람들에 대한 경계다.

2000년대 초반 애플의 온라인 스토어를 운영한 마이크 제인스(Mike Janes)는 『인사이드 애플』의 저자 아담 라신스키에게 애플에는 혁신기업의 딜레마가 없다고 단언했다. 애플은 방향이 확실하고 분명한 데드라인이 미리 정해져 있어 어떤 미션이든 데드라인 내에 확실히 실행된다는 것이다. 기존의 매출 구조 잠식은 걱정거리도 아니라는 의미다. 잡스의 역할이 크다.

그의 공식 전기에 따르면 잡스는 IBM이나 마이크로소프트 같은 기업이 쇠퇴하는 이유가 제품 엔지니어나 디자이너가 아니라 수익성만 따지는 세일즈맨이 회사를 좌우하기 때문이라고 지적했다. 크리스텐슨 교수의 흔적이 강하게 배어있는 분석이다.

1983년 30대 초반의 잡스가 삼고초려의 노력으로 존 스컬리를 영입할 때만 해도 이런 생각이 정립되지 않았을 게다. 이후 경험이 쌓이며 제품과 마케팅과의 관계에 대한 자신의 생각을 형성하고 크리스텐슨의 비즈니스 통찰력을 통해 이론화했을 것이다.

스티브 잡스가 크리스텐슨 교수에게 감사해야 할 특별한 이유가 또 하나 있다. 그는 잡스의 독특한 시스템에 면죄부를 부여한 사람이다. 또한 이윤 중심이 아닌 제품 중심의 잡스식 경영 스타일이 뛰어날 수밖에 없는 이론적 배경을 제공했다. 그래서일까? 젊었을 때는 '미쳤다고 할 정도로 대단한(insanely great) 제품'을 만드는 것에만 집착하던 잡스가 만년에는 사람들이 사용하기 쉬운 편리한 상품 외에 애플이라는 기업의 영속성을 자신의 새로운 이상에 편입시켰다.

그는 공식 전기를 위해 직접 쓴 글에서 "내 열정의 대상은 사람들이 동기에 충만해 위대한 제품을 만드는 영속적인 회사를 구축하는 것"이고 "그 밖의 다른 것은 모두 2순위"라고 했다.

그가 50대에 들어서 기업의 영속성을 자주 언급한 것은 죽음을 앞두었기 때문일 수도 있다. 2003년 암진단을 받고 2009년 간이식 수술을 받으며 죽음의 문턱에 다가선 스티브 잡스는 자신의 유산을 남기고 싶었을 것이고 가장 자연스러운 대상이 그가 처음 세우고 또 위기에서 구한 애플이라는 회사였다. 이는 손자나 손녀가 자녀보다 더 예쁘고 애틋한 이유와 동일하다. 사람은 죽음에 다가갈수록 자신의 흔적에 집착한다. 후손에 대한 애정의 강도는 죽음에 대한 공포의 강도에 비례한다.

하지만 기업 영속성에 대한 잡스의 집착은 크리스텐슨의 책 『혁신기업의 딜레마』의 영향일 수도 있다. 잡스는 시장조사나 전문가 분석, 고객의 반응을 믿지 않고 스스로의 통찰력과 육감으로 기업을 운영해 왔다.

그는 마케팅보다 디자인과 기능을 중시했고 수익성보다는 대중에게 사랑 받을 수 있는 제품을 만드는데 주력했다. 시장성이 없다는 지적이 일면 아직 소비자는 자신이 무엇을 원하는지 알지 못한다고 응수했다. 작고 단순하며 저렴하고 편리한 제품을 만들어 대중 접근성을 확보하는 것은 그가 평생을 두고 추구해 온 목표였다. 이는 또한 크리스텐슨이 교란적 기술에 대응하기 위해 꼭 필요하다고 지적한 덕목과 100% 일치한다.

크리스텐슨은 "역사적으로 볼 때 교란적 기술은 새로운 기술과 무관하다. 되려 이미 검증된 기술을 조합한 새로운 상품 아키텍쳐로 소비자들에게 기존에 경험하지 못한 특성들을 제공하는 것이 교란적 기술이다"라고 단언한다. 뇌리를 스치는 사람이 있지는 않은가? 그렇다, 바로 스티브 잡스다. 잡스는 뛰어난 기술로 승부했던 측이 아니다. 매킨토시, 아이팟, 아이폰, 아이패드는 이미 개발된 기술들의 집합체일 뿐 경천동지할 혁신이 들어간 것은 하나도 없다.

그래픽 유저 인터페이스(graphical user interface), 음악을 재생하는 모바일 기기, 멀티터치 등 이미 개발되어 널리 사용되는 기술들을 잘 조합하여 훌륭한 인터페이스와 디자인을 갖춘 제품으로 승화시킨 이가 잡스다.

크리스텐슨이 "교란적인 기술을 둘러싼 불확실성 속에 경영자들이 기댈 수 있는 구석이 딱 하나 있다. '전문가의 예측은 항상 틀릴 것'이라는 점이다. 교란적인 상품이 어떻게 사용되고 얼마만큼 시장규모로 성장할지 의미 있는 수준으로 정확히 예측하는 것은 불가능하다"고 주장한 것은 어떤가? 1984년 매킨토시 발표현장에서 한 기자가 어떤 방식으로 시장조사를 했냐고 물었을 때 "알렉산더 그레이엄 벨이 시장조사 같은 걸 하고 전화를 발명했습니까?"라고 답한 젊은 스티브 잡스가 오버랩된다.

크리스텐슨 교수는 수익성과 시장조사를 중시하는 MBA 출신의 엘리트 경영자들이 실패할 수밖에 없는 구조적인 문제점을 지적함으로써 대학을 한 학기 만에 중퇴하고 경영학 지식이라고는 쥐뿔도 없이 인문학과 예술 타령만 해대는 괴짜 CEO가 성공할 수 있다는 구체적인 이유를 제공했다.

요컨대 크리스텐슨 교수는 잡스의 독특한 경영 철학과 스타일에 세례를 내린 사람이다. 잡스가 죽음을 앞두고 부쩍 기업 영속성 이야기를 강조한 것은 그 주제로 평생을 연구한 크리스텐슨 교수에 대한 오마주가 아니었을까?

03_ Closed vs Open

　무기가 진화할수록 전쟁의 승패는 공중전에서 판가름 났다. 특히 20세기 들어서는 공중을 장악하는 자가 전쟁을 지배했고 승리를 거두었다. 그래서 각국은 보다 진화된 공대공 전투기와 훈련된 조종사들의 확보에 많은 재원를 투자해 왔다. 공중전의 중요성은 지금까지도 이어지고 우리 나라도 차세대 전투기 사업에 엄청난 예산을 투여한다.

　제2차 세계대전 때도 연합국과 추축국이 제공권을 장악하기 위해 치열한 경쟁을 벌였다. 그 당시 관건은 비행고도였다. 보다 높이 나는 전투기가 승리했기 때문이다.

　영화 아바타에서 나비족들이 익룡인 이크란을 타고 다닐 때 주인공 제이크는 공포의 붉은 용 그레이트 리오놉테릭스를 타고 토르크 막토가 된다. 제이크의 대사대로 그레이트 리오놉테릭스가 하늘의 지배자인 이유는 덩치도 컸지만 가장 높이 날았기 때문이다. 당시 연합국과 추축국도 비슷한 이유로 경쟁했다.

　고도경쟁에서 가장 중요한 이슈는 조종석 내의 기압이었다. 고도가 올라갈수록 조종석 내 기압처리가 문제다. 기압이 낮은 상태에서 조종사가 오래 견딜 수 없기 때문이다. 이 문제를 해결하기 위해 일본과 미국은 다른 접근 방식을 택했다.

일본은 조종석을 철저히 밀폐하는 방향으로 문제를 해결하려 했다. 모든 틈새를 봉쇄하는 방법으로 공기의 유실을 막아 기압을 유지하려 했다. 반면 미국은 공기가 유실되는 만큼 내부에 새로운 공기를 공급해 일정한 기압을 유지하는 방식을 택했다.

일본의 폐쇄적 접근법(closed system)과 미국의 개방적 접근법(open system)의 승자는 누구였을까? 미국이었다. 전쟁의 진행상황이 이를 웅변적으로 말해준다. 일본은 전투기를 미국 군함을 공격하는 미사일로 전환시키는 가미가제 작전을 펼치는데 사용한 반면 미국의 폭격기는 1945년 8월 세계 제 2차 대전을 끝내는 핵폭탄 투여에 투입되었다.

연세대 강영기 교수가 든 예다. IT업계에서 논의되는 개방-폐쇄 논란과 직접 연관되지는 않지만 함의가 깊은 비유다.

스티브 잡스를 말하는데 빼놓을 수 없는 것이 개방-폐쇄 시스템 간의 우월성 논쟁이다. 그것은 야구에서 투수의 제구력이 중요한가, 스피드가 중요한가에 관한 논쟁만큼 질기고 결론이 나지 않는 주제다. 그리고 그 논쟁은 다시 크리스텐슨 교수로부터 시작된다.

| 폐쇄 시스템 |

스티브 잡스와 애플은 아이튠스 스토어를 애플 컴퓨터에서만 구동되고 아이팟에서만 다운로드 받을 수 있게 만들었다. 다른 뮤직 플레이어 제조업

체들은 접근이 불가능한 시스템이었다. 나중에 애플 컴퓨터가 아닌 일반 PC에서도 아이튠스 스토어를 운용할 수 있게 되었지만 아이폰·아이패드가 출시된 이후에도 애플의 모바일 제품이 아니면 아이튠스는 접근 금지다.

그는 소프트웨어와 하드웨어 그리고 운영체제가 철저히 통합되어야 한다는 믿음을 가지고 있었다. 잡스는 심지어 앱스토어도 폐쇄형으로 유지하려고 했다. 그래서 2007년 아이폰이 처음 나왔을 때만 해도 사용자들이 외부 개발자의 앱을 구입할 수 있는 방법이 없었다.

애플 이사회의 주요멤버와 중역이 앱스토어의 공개를 지속적으로 요청했을 때도 잡스는 논의를 묵살하거나 토의조차 하려 들지 않았다. 외부 개발자들의 앱이 아이폰을 망치거나 바이러스를 감염시키고 통합성을 오염할 수 있다는 이유에서였다. 결국 그는 외부 앱 제작을 허용했지만 매우 까다로운 기준을 부과하고 애플의 승인을 거쳐 오직 아이튠스 스토어를 통해서만 판매하게 했다. 진짜 살짝 열어 준 것이다.

잡스는 이 문제를 개방과 폐쇄의 문제가 아니라 통합과 분산의 스펙트럼으로 바라본다. 그리고 그는 평생토록 그의 아름다운 시스템에 누군가가 침입하는 것에 매우 신경질적인 반응을 보였다. 매킨토시 컴퓨터를 제작할 때 사람들이 그의 예술품을 조작하는 게 싫어서 특수 제작한 드라이버로만 개폐할 수 있는 나사를 사용했다. 아이폰은 끌 수도 없다. 배터리를 바꾸려면 전문가의 힘을 빌려야 한다.

잡스가 1997년 애플로 돌아와서 제일 우선적으로 처리한 일 중 하나가 1990년대 중반 당시 CEO였던 마이클 스핀들러가 두 회사에 매킨토시 호환제품을 만들 수 있도록 제공한 라이선스를 취소하는 작업이었다. 그는 공식전기에서 "위대한 제품을 생산하는 일에 극도의 열정을 부린다면 그러한 열정은 우리가 통합성을 추구하도록, 즉 하드웨어와 소프트웨어와 콘텐츠 관리를 연결하도록 독려한다. 신천지를 개척하고 싶다면 직접 그것을 해야 한다. 당신의 제품이 다른 하드웨어나 소프트웨어에 개방되기를 원한다면 당신의 비전 일부를 포기해야 한다"는 의견을 피력했다.

하지만 전문가들은 잡스와 애플이 전일적인 통제시스템에 기반해 폐쇄형 모델을 지속할 경우 PC 시장과 마찬가지로 주류 시장에서 멀어질 수 있다고 경고해 왔다. 특히 크리스텐슨 교수는 2001년 가을 아이팟이 출시된 직후 언론과의 인터뷰에서 "애플이 계속해서 독점 구조에 의존한다면 아이팟은 그저 틈새 상품으로 전락할 것"으로 예측했다.

아이팟의 정책은 일정 부분 완화되었지만 기본적으로 폐쇄성을 유지하면서도 대성공을 거두었다. 아이팟이 틈새 상품이 되기는커녕 기존의 모든 MP3 플레이어들을 틈새 상품으로 만들어 버렸다. 월터 아이작슨은 크리스텐슨 교수가 이 경우만 제외하면 선견지명과 통찰력이 있는 비즈니스 분석가로 세계에서 손꼽히는 인물이라고 그에 대한 예의를 갖추었지만 크리스텐슨 교수는 체면을 구긴 셈이다.

하지만 그는 자신의 의견을 굽히지 않았고 하버드 비즈니스 스쿨 제자이자 유명 IT 블로거인 호레스 데디우(Horace Dedieu)와의 인터뷰에서 애플이 계속해서 독점적 구조에 의존한다면 결국 구글을 위시한 안드로이드 진영의 협업에 밀리고 말 것이라고 경고했다. 애플의 전일적 통제와 폐쇄적 접근이 PC 시장에서 패인으로 작용했듯이 모바일 기기 시장에서도 곤란을 겪을 수 있다는 뜻이다. 크리스텐슨 교수는 공개 지향의 안드로이드 진영이 폐쇄 지향의 아이폰 진영보다 훨씬 빨리 성장하고 있다고 지적한다.

진검승부

전문가들은 전통적으로 개방 시스템을 더 높이 평가해 왔다. 특히 협업 관계가 중요한 IT업계가 그랬다. 업체들이 단말기, 네트워크, 소프트웨어 중 한가지 사업에 집중하고 협력관계 하에서 상품이나 서비스가 최종 소비자에게 도달된다. 마이크로소프트는 윈도우나 오피스 프로그램을 제공할 수 있는 독점적 컴퓨터를 제작하는 대신 PC 사업자 모두에게 라이선스를 제공하는 방식으로 성공을 거둔 반면 애플은 자신만의 성을 쌓다가 시장 점유율이 5% 아래로 떨어지는 수모를 겪었다.

공개시스템과 모듈화된 협업체계에 대한 신뢰가 더욱 공고해지는 순간이었다. 하지만 21세기에 들어 아이튠스 스토어를 개발한 잡스가 아이팟과 아이폰, 그리고 아이패드라는 전일적인 엔드투엔드 통제 시스템으로 대성공을 거두면서 사람들의 상식은 흔들리기 시작했다.

개방 시스템 못지 않게 폐쇄 시스템의 장점을 지지하는 애널리스트나 학자들이 늘어갔고 장기적으로는 잡스 식의 폐쇄 시스템이 높은 수익성과 고객 편의성을 제공할 수 있다는 결론을 이끌어 내기도 했다.

애플처럼 소프트웨어, 하드웨어, 온라인을 수직적으로 통합하는 폐쇄 시스템의 장점은 쓰기 쉽고 안정적이라는 점이다. 폐쇄 진영에 있는 애플은 자사 제품을 위한 소프트웨어 한 버전만 만들면 된다. 하지만 공개 진영에 있는 마이크로소프트나 구글은 여러 제품을 위한 여러 버전을 내놓아야 한다. 본인들이 직접 다수의 제품을 만들든지 아니면 플랫폼을 개방해 다른 이들이 만들도록 허용하든지 간에 애플의 수직적 통합 시스템이 갖는 통일성과 안정성을 이룩하기는 쉽지 않다.

하지만 통제시스템으로는 지속가능한 생태계를 생성하기 힘들다. 생태계는 수평적인 구조에서만 만들어진다. 생태계가 없으면 당장은 어떨지 모르지만 장기적으로 지속가능성이 떨어진다. 애플과 잡스는 이런 문제를 현명하게 비켜나갔다. 윈도우용 아이튠스를 출시하고 앱스토어에 개발자들의 애플리케이션을 업로드하고 판매할 수 있도록 한 것이다. 하지만 그들의 기본철학은 그대로이고 언젠가는 그 기본철학이 지속가능한지에 대한 진전된 논의가 진행될 것이다.

요컨대 잡스 스타일의 폐쇄 시스템은 독재, 일반적인 개방 시스템은 민주정에 비유할 수 있다. 폐쇄 시스템은 사용자들에게 권한을 부여하지 않는다. 오로지 제조자가 사용자들의 경험을 처음부터 끝까지 통제한다. 깔끔하고 통일되어 있지만 답답하다. 반면 공개 시스템은 사용자들에게 많은 권한을 제공한다. 안드로이드는 전 세계에서 생산되는 수많은 스마트폰의 운영체제로 채택되어 사용된다. 산만하고 어수선한 것 같지만 다수의 플레이어가 참가해 지속적으로 개선이 이루어진다.

사실 가장 좋은 정치 시스템은 독재일 수도 있다. 독재자가 훌륭하다면 말이다. 플라톤이 꿈꾼 이상적 사회인 철인국가나 조선시대 세종이나 정조시대처럼 현명한 지도자가 바른 판단과 최선의 선택을 할 수 있다면 왕정이 민주정보다 나을 수도 있다. 하지만 문제는 왕 중에는 연산군 같은 사람도 나온다는 점이다. 왕정에서 세종이 왕좌에 있다면 최선이겠지만 연산군이 폭압적으로 지배하고 있다면 최악이다.

반면 민주정은 아무리 못해도 차악(次惡)은 된다. 뭔가 무질서하고 혼란스러운 듯 하지만 그 속에서 질서를 찾아가는 다수의 힘이 있기 때문이다. 민주정의 장점이다.

잡스는 스스로를 특별하다고 생각해왔다. 그는 아이작슨에게 제시한 글에서 "나는 내 말의 논지를 놓치는 법이 없으며 대개는 내가 옳은 것으로 드러난다"라고 했다. 자신을 세종대왕급으로 여기며 전일적인 통제·폐쇄 시스템을 지배하는 왕으로서 자격이 있다는 말로 들린다.

애플이 왕정을 유지하는데 있어서 문제점은 성군이 서거했다는 점이다. 그 다음 왕위를 물려 받은 팀 쿡은 세자로서의 능력은 입증했지만 아직 왕으로서의 능력은 미지수다.

잡스도 느꼈던 바다. 쿡이 자신의 지도 아래서 운영에 탁월함을 보였지만 제품에서도 리더십을 보일지가 확실하지 않았을 게다. 잡스는 아이작슨에게 "하지만 팀은 기본적으로 제품을 만드는 친구는 아니지요"라는 문장으로 불안감을 표출한 바 있다. 특히나 쿡은 잠시만 한눈 팔아도 관계가 역전되고 마는 IT대륙의 리더 애플의 왕이다. 지금도 이무기들이 도처에서 시시탐탐 애플이 약해지기만을 기다리고 있다.

크리스텐슨은 애플이 폐쇄적이고 독점적인 구조로 지속적인 성공을 할 수 있으려면 아이폰과 아이패드 같이 시장에서 요구되는 새로운 상품을 꾸준히 내어 놓아야 한다고 보았다. 계속해서 시장을 조금씩 앞서 가야 한다는 말이고 폐쇄시스템의 부작용을 제품의 혁신을 통해 선제적으로 극복해야 한다는 것이다. 암이 온몸에 전이되었던 잡스의 의료진이 표적물질을 통해 암을 조금씩 앞서갈 수 있을 것이라고 가졌던 낙관론이 연상되는 대목이다. 잡스는 실패했다, 애플은 성공할 것인가?

MBA

2010년 여름 안테나 게이트가 터졌을 때 하와이에서 휴가를 즐기던 스티브 잡스는 문제를 해결하기 위해 쿠페르티노에 있는 애플 본사로 돌아오면서 고등학교 3학년이었던 아들 리드를 동행했다. 안테나 게이트는 갓 출시된 아이폰4를 특정한 방식으로 사용하면 통화가 끊기는 현상이었다. 평생 동안 완벽주의를 고수해 온 잡스에게 닥친 크나큰 위기 중에 하나였다.

대단한 결정이다. 잡스는 자기 아들을 훨씬 더 폼나는 자리로 데려갈 수 있었다. 새로운 제품을 준비한다든지 엄청난 광고를 기획한다든지 자신이 애플의 최고 수장으로 자랑할 수 있는 자리에 아들을 데리고 갈 수도 있었다. 하지만 그는 해결책을 도출해 내기 위해 고통스러운 과정을 겪어야만 하는 험난하고 힘든 회의에 아들을 초대했다. 아들에게 실제 비즈니스의 모습을 보여주려고 한 것이다.

잡스가 멋있다는 말을 하려는 게 아니다. 아이작슨에 따르면 잡스는 아들 리드에게 "분명히 이틀 동안 꼬박 미팅을 할 텐데, 네가 같이 있으면 좋겠구나. 그 이틀 동안 경영대학원 2년 과정보다 더 많은 걸 배울 테니까 말이야"라고 했다고 한다. 이 얼마나 MBA를 무시하는 처사인가? 그는 경영대학원이라고 2년 동안 죽치고 앉아서 회계·재무·통계·경제·전략·협상 등을 배워봐야 실제 경영현장에 비하면 탁상공론일 뿐이라고 우기고 있는 것이다.

그 힘들고 어려운 MBA 2년이 문제해결 이틀과 맞먹는다면 MBA에서 죽으라고 2주 동안 공부해도 (최고의) 경영현장에서 1시간 만에 배울 수 있는 분량밖에 안 되는 것이다. 리드에게 MBA 학위라도 수여해야겠다.

스티브 잡스는 스타일 상 수익성을 따지려고 콩 한 알씩 세고 앉아 있거나 시장조사랍시고 미래를 잔뜩 재단해오는 전형적인 MBA 출신들을 싫어할 수밖에 없었다. 그에게 수익은 2순위였고 제품이 1순위였다. 수익은 위대한 제품을 만들기 위한 방편에 불과했다. 또한 존재하지도 않는 시장을 미리 조사해서 미래를 예측하는 이들은 거짓말쟁이일 따름이었다. 『아이콘』에 따르면 잡스는 "애플은 MBA 출신을 많이 뽑지 않는다"고 실토한 적도 있다.

잡스에게 MBA는 '서구에서 중시하는 이성적인 사고'의 전형일 뿐 '인간의 본연적인 특성'이 아니었을 것이다. MBA는 '서구 사회의 광기와 이성적 사고' 위에 성립되어 한계가 있었을 수밖에 없다고 생각했다. 그는 직관력을 훨씬 중시했는데 MBA에서 가르쳐 주지 않는 것이 하나 있다면 바로 직관력이다.

하지만 신기하게도 잡스의 최측근에는 MBA 출신들이 대거 포진해 있었다. 잡스가 살아있을 때 오랫동안 최고운영책임자 역할을 하며 그를 보좌하다가 잡스 사후 CEO 자리에 오른 팀 쿡은 듀크대 MBA 출신이다.

애플을 떠날 때 넥스트로 같이 합류한 소수 정예팀 중 한 명인 수잔 바네스도 와튼 MBA 출신이었고 매킨토시 공장 운영을 맡기기 위해 힘들게 찾았던 데비 콜먼도 스탠퍼드에서 MBA를 공부했다. 그리고 그의 아내 로렌 파월도 스탠퍼드 MBA 출신이다. 잡스가 그녀를 만난 것도 파월이 MBA 1학년 때였다. 잡스는 MBA를 싫어했지만 스탠퍼드를 너무 좋아해서 이를 상쇄하고도 남아서 파월을 택했을까?

잡스와 MBA도 그의 생애에 아로새겨진 다양한 이중적인 기준과 모순의 일부분이다. 제품을 만드는 사람을 수장으로 두지 않는다고 마이크로소프트를 비판하면서 정작 자신은 운영 전문가 팀 쿡을 후계자로 정한 것과 매한가지다.

에필로그

> 그가 무엇을
> 보았는지에 대한 논란도 많았고 사실 확인할 길도 없다.
> 그것은 로렌이나 심슨도 알 방도가 없다. 다만 확실한 점은
> 숨을 멎기 직전 그는 무엇인가 대단한 것을 보았거나
> 느꼈으리라는 것이다.

에필로그

01_ Stay Hungry, Stay Foolish

 세기의 명연설로 손꼽히는 스티브 잡스의 2005년 스탠퍼드 대학교 스피치는 그의 사상과 인생 그리고 경험을 포괄해서 상징적으로 보여주는 사건이었다. 잡스는 평생 동경해왔던 명문 스탠퍼드 대학의 졸업식장에서의 연설을 위해 '그답지 않게' 수개월 전부터 미리 준비해서 학교 가운을 입고 수많은 학생들 앞에 선다.

쉰살을 앞둔 잡스는 '그답지 않게' 준비한 원고를 읽어나간다. 쉼도 없이 추임새 하나 없이 관객이 반응할 여유도 없이 기계처럼 원고를 후다닥 읽고는 끝내 버린다. 앞에서 논했듯이 스탠퍼드 가운의 영향이었으리라.

이 자리에서 그는 자신에 대한 세 가지 이야기를 들려준다. 그가 리드 대학교를 중퇴했던 경험, 그가 애플에서 쫓겨났던 사건, 그리고 췌장암 수술을 겪었던 사연이다. 잡스는 리드를 자퇴한 일과 1985년 애플을 떠났던 경험을 회상하며 당시에는 힘든 일이었지만 결국 자신에게 큰 도움이 되었다고 단언했다.

리드를 그만두었기에 자신이 듣고 싶었던 서예교실을 청강할 수 있었고 그래서 10년 후 많은 사람들이 사랑했던 매킨토시의 아름다운 폰트를 만들어낼 수 있었다고 회고했다. "윈도우즈는 그저 매킨토시를 베끼기만 했을 뿐"이니 그의 생각에 매킨토시의 아름다운 폰트가 없었다면 윈도우즈의 폰트도 불가능했을 것이고 우리가 사용하는 아름다운 PC 폰트도 없었을 것이다.

애플에서 축출된 경험은 그에게 일어난 최고의 선물이었다. 왜냐하면 어려서 큰 성공을 이루었던 그가 다시 초심으로 돌아가 그의 인생에 최고로 창조적인 시기를 보낼 수 있었기 때문이다. 잡스가 애플에 계속 남아 있었다면 픽사나 넥스트라는 훌륭한 회사는커녕 자신의 아내와 만나 가정을 꾸리는 일도 불가능했을 것이다. 자신의 입으로 직접 말한 바다.

두 사건 모두 당시에는 몰랐지만 지나고 나서야 어떤 결과로 이어졌는지 결론내릴 수 있었다. 그래서 잡스는 자신이 그랬듯 스탠퍼드 졸업생들에게 스스로가 좋아하고 사랑하는 일을 좇으라고 권한다.

매우 연기론적인 사고다. 그가 선불교나 동양종교를 공부했던 흔적이 묻어 나오는 대목이고 그런 사상은 그의 마지막 이야기, 즉 삶과 죽음에 대한 언급으로 이어진다. 잡스는 죽음이 인생의 가장 위대한 창조물이며 인생을 변화시킬 수 있는 큰 동력이라는 평소 생각을 되풀이 한다. 삶과 죽음이 둘이 아니고 하나라는 말이다.

잡스가 심취했던 선불교에서는 이원론적 세계관을 부정한다. 선과 악, 천재와 바보 등 단순한 흑백논리를 배척한다. 하지만 잡스만큼이나 이원론에 매몰된 사람도 없었다. 그에게 사람들은 천재 아니면 멍청이었고 아이디어는 천재적 제안이거나 개똥 같은 생각 중 하나였다. 잡스는 현실에서 철저하게 이분법적이었다.

하지만 거시적으로는 이분법적 사고를 떨쳐내고 삶과 죽음이 하나라는 인식을 갖고 있었고 오늘이 자신의 마지막일 수도 있다는 심정으로 삶을 살아가기를 권했다.

오늘이 자신의 마지막 날이라면 자신의 심장이 가리키는 바를 따르지 않을 이유도 없고 남의 인생을 살 수도 없는 것이다.

그리고는 그가 1970년대 초 즐겨 읽었던 〈호울 어쓰 카탈로그(Whole Earth Catalog)〉 마지막 호에 실렸던 'Stay Hungry, Stay Foolish'를 외치며 시대의 명연설을 끝마친다.

〈호울 어쓰 카탈로그〉는 스탠퍼드 출신 스튜어드 브랜드가 당시 소비자본주의와 물질주의의 물결에 반대하는 히피운동이나 뉴레프트 운동의 파고 위에 자연으로 돌아가자는 분위기 속에서 만들어졌다. 잡스가 존경했던 하버드 대학 중퇴자 애드윈 랜드가 개발한 폴라로이드 사진기나 타이핑기를 사용해서 만든 잡지로 각종 도구나 기구에 대한 제조법과 평가가 담겨있다.

기계로 찍어낸 자본주의 상품이 아니라 사람들이 직접 만든 소박한 물품을 사용하자는 정신을 바탕으로 온갖 연장에서부터 전자기기까지 섭렵했다. 잡스는 전자기기를 좋아했을 것이다.

잡스는 스탠퍼드 출신 편집장이 만든 표현을 스탠퍼드 졸업식 연설 제목으로 삼아 초심을 유지하라는 의미로 사용했다. 연설 중에서 그는 1985년 애플에서 쫓겨났기 때문에 초심자(beginner)로 돌아갈 수 있었다고 언급하기도 했다. 잡스는 1998년 포춘지와의 인터뷰에서도 사람들이 피카소나 밥 딜런처럼 지속적으로 변화하고 혁신하지 못하는 이유가 현실에 안주하기 때문이라며 'Stay Hungry, Stay Foolish'를 강조했다. 클레이턴 크리스텐슨 교수의 『혁신기업의 딜레마』가 살짝 생각나는 부분이다.

하지만 브랜드는 이 표현을 '초심을 유지하라'는 의미로 사용한 것이 아니었다. 잡스가 말했듯이 브랜드는 〈호울 어쓰 카탈로그〉 마지막 호 뒷면에 시골 도로를 배경으로 'Stay Hungry, Stay Foolish'라는 문구를 삽입했다. 〈호울 어쓰 카탈로그〉는 당시 만연했던 물질주의와 지식만능주의를 넘어 인류에 대한 사랑, 지식인의 교만에 대한 경고, 그리고 검약과 채식에 대한 실천 등을 큰 흐름으로 잡고 있었다.

아무렇지도 않은 여느 시골길의 아침 풍경과 같이 그렇게 자연 속에서 살아가자는 느낌인 것이다. 함포고복(含哺鼓腹)하며 지식을 자랑하는 이들에 대한 경고의 금언이었다. 우리가 일반적으로 번역하는 '갈망하라, 우직하게 나아가라'는 식의 성공을 위한 실천 금언과도 거리가 멀다.

잡스가 이 표현을 접했던 1974년에는 그가 대학을 중퇴하고 아타리에서 일하던 때다. 가진 것도 없고 지저분했던 20대 초반 남성으로 출생과 함께 버림받았다는 자괴감을 이기지 못해 환각제와 동양종교로 스스로를 치유하고자 했을 때다. 한마디로 그의 인생에서 가장 가진 것 없고 배운 것 없고 우울했을 때다. 그래서 잡스가 그 표현을 볼 때마다 초심으로 돌아가자는 느낌을 갖게 된 건 아닐까 싶다.

브랜드의 의중과는 무관하게 이제 많은 사람들이 'Stay Hungry, Stay Foolish'를 잡스가 사용했던 방향으로 이해하고 있다. 특정한 단어(문장)를 자신만의 방식으로 받아들이고 그 방식을 강요하는 것도 잡스의 현실 왜곡장일까?

사실 어떤 시니피앙을 일반적으로 받아들이기 힘든 시니피에에 갖다 붙이는 것도 능력이다. 내가 '책상'이라는 언어를 사용하면서 '걸상'이라는 이미지와 연관시켜 다른 사람에게 강요하는 것은 언어의 사회성을 부정하는 위대한 행위다. 잡스는 스스로의 생각을 그 시니피앙에 투영시켜 자신만의 시니피에를 만들어 내고 무수히 반복한다. 잡스의 사회적 위치와 뛰어난 언변에 해당 시니피에가 어느정도 사회성을 얻어가는 묘한 상황을 만들어 낸다.

철학자들이 같은 단어에 다른 의미를 부여하는 것이 철학의 가장 큰 문제라고 인식한 언어학자 루드비히 비트겐슈타인이 살아 있었다면 잡스의 어법을 매우 싫어했을 것이다.

잡스의 엉뚱함은 다른 곳에서도 드러난다. 2001년 뉴스위크와의 인터뷰가 그렇다. 그는 학생들이 무엇인가 만들어 내도록 하는데서 학습이 진행되고 선생님은 그 중심에 있어야 한다고 주장했다. 그리고는 대뜸 "소크라테스와 오후 나절을 보낼 수 있다면 나의 모든 기술을 내어 주겠다(I would trade all of my technology for an afternoon with Socrates)"고 선언했다.

이후 무수한 오해를 불러 일으킨 이 문장을 그가 도대체 왜 내뱉은 것인지 이해할 수 없다. 아직 애플이 아이팟도 내놓기 전인 2001년 10월, 애플도 아닌 잡스가 도대체 무슨 기술이 있다고 자신의 기술을 다 내놓는다고 했을까? 무엇보다 그걸 왜 창조적인 교육을 강조하는데 쓴 건지 궁금하다. 소크라테스와 있으면 창조적 교육이 자동적으로 이루어지고 그런 교육이 자신이 가진 기술 전부보다 중요하다는 뜻이었을까?

그것보다 더 이해하기 힘든 점은 소크라테스 문장을 잡스의 비전이 인문학과 기술의 교차점이었다는 주장을 뒷받침하는데 사용하는 이들의 행태다. 잡스가 도대체 어떤 인문학적 소양을 가지고 있었다는 것인지부터가 이해되지 않는다.

잡스는 가끔 잘못된 인용을 하기도 했다. "훌륭한 예술가는 베끼고 위대한 예술가는 훔친다(Good artists copy, great artists steal)"가 그렇다. 그가 제록스 파크에서 그래픽 유저 인터페이스(Graphical user interface)를 가져와 리사와 매킨토시에 차용하면서 사용한 파블로 피카소의 금언이다.

하지만 피카소가 이와 같은 말을 했는지에 대한 논란이 일었고 사실 그 소스는 시인이자 비평가 토머스 스턴스 엘리어트(T.S. Elliot)가 말한 "훌륭한 시인은 빌리고 위대한 시인은 훔친다(Good poets borrow, great poets steal)"라는 것이 정설이다.

더구나 이 표현에서 엘리어트가 말한 '훔친다'는 잡스처럼 남의 기술을 그냥 가져다 쓰는 경우를 이르는 것이 아니었다. 이번에도 잡스는 시니피앙과 어울리지 않는 시니피에를 가지고 왔다.

그리고 그는 위대한 아이디어를 훔치는데 부끄러운 적이 없었다고 주장했다. 잡스 시대나 그의 사후에 제기되었던 애플의 온갖 저작권 관련 소송들을 생각하면 민망한 발언이다.

02_ 『스티브 잡스의 서재』를 마치며

그의 어법이나 정신세계, 인간성과 무관하게 스티브 잡스는 여전히 위대하다. 그는 한 산업을 일으키고 끝낸 역사적으로 매우 드문 인물이었다. 애플II로 PC 시대를 열었다가 아이폰과 아이패드로 우리를 PC시대를 넘어 포스트PC 시대로 인도했다(PC 제조사는 PC플러스 시대라는 콘셉트로 이를 부정한다).

제품에 대한 그의 열정도 대단하다. 그가 아니었다면 우리는 아직 제대로 된 스마트폰을 접하지 못했을지도 모른다. 애플의 운영에 자신의 가족을 전혀 참여시키지 않은 점도 훌륭하다. 우리 기업들에 귀감이 된다.

무엇보다도 그는 2009년 간이식 수술을 받지 않으면 미래를 장담할 수 없는 상황에서도 반칙을 저지르지 않았다. 사람은 죽음의 공포 앞에 무너지기 마련이다. 특히나 잡스는 재산이 10조 원에 달하는 거부가 아니었던가? 하지만 그와 아내는 끝까지 페어플레이를 고수했다. 돈으로 해결 못할 것이 없는 세상에서 양심이나 사회적 비난 따위는 죽음의 공포 앞에서는 아무것도 아닌데 말이다.

위대한 기업가이자 혁신가 잡스가 탐독한 책을 따라 읽으면서 그의 사상체계와 세계관의 편린을 엿볼 수 있었다. 흥미로운 일이었지만 동시에 한 가지 질문이 내내 머리 속에서 맴돌았다. 과연 대한민국에 잡스 같이 천재성을 타고난 아이가 그와 똑같은 책을 읽고 똑같이 생활한다면 그와 똑같이 위대한 혁신가가 될 수 있을까? 안타깝게도 이에 대한 대답은 매우 부정적이다.

스티브 잡스가 스티브 워즈니악과 함께 처음 애플을 차렸을 때 그들도 자신들의 시도가 성공할지 반신반의 했을 것이다. 30여 년이 지나 지구 최고의 회사가 될지 누가 상상이나 했겠는가? 하지만 그들은 시작할 수 있었다. 잡스는 차를 처분하고 워즈니악은 전자 계산기를 팔아 잡스 부모님 집 차고에서 애플을 시작했다. 빌 게이츠나 마이크 주커버그도 비슷하게 시작했다. 20대 초반, 차고는 위대한 미국 기업의 상징이다.

왜 한국판 스티브 잡스나 빌 게이츠는 없는 것일까? 20대 초반에 모두 국방의 의무를 다하고 있어서? 아니면 부모님 차고가 없어서? 하긴 베란다에서 벤처를 시작할 수 없는 노릇이니 말이다.

하지만 그보다 중요한 문제는 따로 있다. 잡스는 대학을 중퇴하고 여기저기 기웃거리다가 애플을 세우려 할 때 머뭇거리는 워즈니악을 보고 "만약 우리가 돈을 잃더라도 회사를 얻게 된다"고 설득했다.

우리에게 부족한 것은 바로 그런 사고방식이다. 중년이나 장년층은 당연하고 우리 청년들도 70년대 중반 잡스와 워즈니악이 가졌던 모험정신이나 기업가정신을 찾아볼 수 없는 게 현실이다. 우리 청년들의 잘못인가? 어느 정도는 그럴 것이다. 하지만 보다 근본적인 문제는 실패를 용납하지 않고 패자부활의 기회가 주어지지 않는 우리의 사회 환경과 분위기다.

주식회사 대한민국에서는 성공한 사업가도 한번 잘못 삐끗하면 노숙자나 전과자로 전락할 수 있다. 지극히 경쟁위주로 형성된 사회경제 구조에 그 규모에 비해 사회 안전망이 촘촘하지 않아 팍팍하고 여유 없는 곳이 되어 버렸다. 오랫동안 기업인을 옥죄었던 연대보증제도도 문제였다. 이런 각박한 분위기에 직업안정성과 고령화에 대한 우려까지 더해지자 전체적인 사회풍토 자체가 매우 보수화되고 있다. 그러니 너나 할 것 없이 모두 안전한 선택을 한다.

벤처는 결코 안전한 선택이 아니다. '실패해도 회사를 갖게 되는 것'이 아니라 '실패하면 빚더미에 올라 앉아 루저로 전락하고 마는 것'이다. 그리고 한번 루저로 낙인 찍히고 나면 영원히 루저 신세를 벗어나지 못한다.

스티브 잡스나 빌 게이츠는 20대에 "정말로, 정말로, 정말로 열심히 일했다"고 한다. 1주일에 7일 동안 하루도 쉬지 않고 일만 하며 혁신을 만들어 내고 주식회사 미합중국을 이끌 회사들을 일구어 냈다. 우리나라에서 잡스나 게이츠만큼 똑똑한 친구들은 20대에 "정말로, 정말로, 정말로 열심히 공부해서" 공무원, 선생님, 변호사, 의사가 되어 안정된 수익과 연금으로 축복받은 노후를 준비한다. 그들 중 일부의 수입과 연금은 주식회사 대한민국과 그 정부로부터 법적으로 보장받는다.

| Maxmax vs Maxmin |

지금 만 원을 들고 동전던지기 도박을 한다고 치자. 2가지 방식이 있는데 모두 만 원을 걸어 단 한 번으로 끝나는 경기다. 첫 번째 게임에서는 동전 앞면이 나오면 2만 원을 받고 뒷면이 나오면 아무 것도 받지 못한다. 이 경우 예상수익률은 상금 2만 원 곱하기 확률 50%로 정확히 만 원이다. 손해도 이익도 아닌 게임이다.

두 번째 게임은 동전이 무엇이 나오든지 모두 만 원을 받는 경우다. 예상수익률은 첫 번째 게임과 똑같이 만 원이다. 돈을 더 딸 가능성도 없지만 돈을 잃을 가능성도 없는 안전한 게임이다. 이 경우 어떤 선택을 하겠는가? 모험심이 강하다면 첫 번째 게임을, 안전함을 원한다면 두 번째 게임을 택할 것이다.

첫 번째 게임을 선호하는 이들은 내가 받을 수 있는 최고 수익을 극대화하는 소위 최대값 극대화 전략(maxmax)을 좋아하는 쪽이다. 반면 두 번째 게임은 최악의 경우 내가 얻을 수 있는 수익을 최대로 하는 최소값 극대화 전략(maxmin)이다.

인간은 선택의 기로에서 언제나 maxmax와 maxmin 전략 사이에서 갈등한다. 현재 대한민국이 우리에게 강요하고 있는 전략은 maxmin이다. 망해도 어느 정도는 보장되는 안전한 게임을 하라는 거다. 우리 사회 구성원 대다수가 안정적인 수익과 노후연금 혜택이 좋은 공무원, 교원이 되지 못해 안달이다. 그런 직장은 최악의 경우에도 안정성과 노후가 보장되니 모두 덤벼드는 것이다. 안정적인 직업에 대한 사회적인 집착은 어려서부터 길러진다. 부모들은 자신의 아이들이 유별난 길로 나가기보다 착실히 공부하기를 원한다.

한 초등학교 남학생이 야구에 소질에 있다고 하자. 실력이 매우 뛰어나 학교 체육 선생님이 야구 선수로 키우면 대성할 수 있다고 했다. 과연 부모 된 입장에서 그 제안을 받아들일 수 있을까? 쉽지 않을 것이다. 우리 부모들은 공부는 중간을 해도 먹고사는 방법이 있다고들 생각한다. 이제까지 그랬기 때문이다. 공부를 하다가 안 되면 관련 기술을 배우면 밥벌이는 할 수 있다고 믿는다. 하지만 야구선수에 올인 했다가 대성하지 못하면 난감하기 짝이 없다. 어떻게 먹고 살 것인가?

실제 프로야구 주전 선수들은 엄청난 경쟁을 뚫고 올라온 이들이다. 프로구단에서 뛸 수 있다는 것 자체가 대단한 행운이지만 그중에서도 오래 살아 남아 스타 플레이어가 된 선수는 손에 꼽는다. 대부분의 선수들은 자취도 남기지 못하고 사라지는 게 냉혹한 현실이다. 그래서 부모들은 자신의 아이들에게 공부를 시킨다. 공부에 크게 소질이 없어도 대학을 억지로 보내려는 것은 그래도 대학은 나와야 험한 일 하지 않고 사무실에 앉아 일 할 수 있다는 믿음 때문이다. 우리나라 대학 진학률이 80%에 달하는 이유다.

과를 선택할 때 maxmin 전략은 더욱 여실히 드러난다. 교직이 인기가 많은 것도 같은 이유 때문이다. 선생님이 되면 정년까지 꾸준한 수입을 얻을 수 있을 뿐 아니라 퇴직 이후 생활도 큰 문제가 없다. 그래서 아이들을 가르치는 데서 보람을 느끼는 이들뿐만 아니라 안정된 직장이라는 매력에 끌려 교직을 선택하는 학생들이나 부모들이 많고 그래서 그렇게 입학 성적이 높다.

요즘 경영·경제·의학·법률 등의 과목에 수많은 지원자가 몰리고 인문학·사회학·자연과학을 등한시하는 것도 같은 맥락이다. Maxmin 전략에 기반한 과 선택이 기저에 깔려있다.

하지만 maxmin 전략은 우수한 학생의 잠재력을 무시하는 결과를 낳을 수도 있다. 만약 피겨요정 김연아 선수의 부모가 maxmin 전략을 택해 딸을 공부시켰다면 2010년 동계 올림픽 금메달리스트는 일본의 아사다 마오였을 것이다. 수영 영웅 박태환 선수도 마찬가지다. 두 선수 모두 비인기종목인 피겨스케이팅과 수영에서 최선을 다하는 maxmax 전략을 선택했기 때문에 대한민국의 자랑스러운 스포츠 스타로서 발돋움할 수 있었다.

사실 만 원을 내고 동전을 던져 앞 뒷면과 상관없이 만 원을 받는 경기는 엄밀히 말해서 손해다. 시간 낭비, 에너지 낭비이기 때문이다. 물론 이 비용은 앞면이 나오면 2만 원, 뒷면이 나오면 돈을 모두 잃는 게임에도 적용된다. 하지만 역사는 베팅을 하는 사람이 주도했다. 스티브 잡스도 그중 한 명이다.

그런데도 우리 아이들 교육은 죄다 maxmin 전략이다. Maxmax 철학이 설 땅이 없어졌다. 누굴 탓할 것도 없다. 우리 사회가 그렇게 목을 죄어오니 해고의 염려 없고 퇴직하고도 연금 많이 주는 직업을 선택하는 것은 당연하다. 그렇게 옥죄는 사회에는 스트레스가 수반되기 마련인데 사람들은 게임, 폭력, 변태적인 섹스산업 등 비정상적인 방식으로 해소 방향을 찾는다. 비상구가 없다. 행복으로 가는 마지막 비상구를 빼앗겨 버린 아이들이 선택할 수 있는 방법은 폭력, 탈선, 음주, 마약(본드) 등이고 그 종착역은 감옥이나 심지어 자살로 연결되기도 한다.

| 죄인의 딜레마 |

실패를 용인하지 않는 사회에서 벤처가 융성할 수 없는 법이다. 김대중 정부 시절에 막대한 예산을 들여 벤처 진흥정책을 실시한 적이 있었다. 그러나 그 결과는 참담했다. 정부 예산은 눈먼 돈이 되어 일부 부도덕한 공무원들의 돈 잔치가 되거나 사기꾼들의 농간에 놀아난 경우도 많았다.

최근 우리의 IT 경쟁력이 약화된 이유도 담당 부처가 없어진 이후 컨트롤 타워가 부재한 탓도 있겠지만 진짜 이유는 창의적인 사고를 키울 수 있는 방법론의 문제다. Maxmax 전략을 펼칠 수 있기 위해서는 실패(minimum)에 대한 두려움이 지나쳐서는 안 된다. 대학 1학년 때부터, 아니 중고등학생 때부터 미래에 대해 염려해야 하는 상황에서 maxmax 전략을 선택하라고 말할 수 있겠는가?

잡스가 한국에서 태어났다면 아마도 학부모의 성화에 학원을 돌다가 시들어 버렸던지 아니면 입양 때문에 학교에서 집단 따돌림을 당해 문제아가 되었을지도 모른다. 잡스는 워즈니악과 회사를 차릴 때도 "돈을 잃어도 우리는 회사를 갖게 되지 않겠느냐?"라고 말했다. 전형적인 maxmax 전략이다. 반면 우리나라에서는 어떤가? 돈을 잃으면 전부 다 잃게 된다. 기업가 개인재산을 빚 갚는데 사용하는 연대보증제도는 기업가 정신을 방해해 왔다. 잡스 같은 기백이 사라진지 오래다.

한국의 maxmin 전략은 전형적인 죄인의 딜레마 상황이다. 모두가 한 발씩 물러나면 아이들 고생을 덜 시키고 나라의 경쟁력도 창의적인 쪽으로 모아갈 수 있다. 하지만 교육 양아치들과 교육 사기꾼들이 나서서 죄인의 딜레마 상황을 악화시키고 있다. 교육 양아치들의 전략이 옆방에 있는 공범이 이미 범죄를 모두 털어 놓았다고 겁을 주는 형사 역할이다. 옆집 누구는 무슨 학원을 다니고, 대치동과 목동 아이들은 어떤 식으로 공부한다고 알려주며 겁을 주고 경쟁심을 유발한다.

소수의 아이들만 안정적인 직장을 갖고 평생 편하게 사는 생활이 제일인 나라에서 통용되는 분위기를 최대한 활용해서 죄인의 딜레마 상황을 악화시키고 있다.

문제는 해결책이 보이지 않는다는 점이다. 죄인의 딜레마는 일회성 게임이나 정보 교류가 차단된 상황에서 일어난다. 전통적으로는 일회성 게임을 반복 게임으로 만들거나 정보 교류를 활성화시킬 경우 딜레마가 해결된다고 믿어왔다. 하지만 게임 참여자 간에 정보를 교류한다고 해도 그 수준이 매우 얕다. 현재 시스템이 모두가 공멸하는 길임을 느끼다가도 교육 부추기미들의 말 한 마디에 나가 떨어진다. 선행학습이라는 이름으로 초등학교 저학년 아이들에게 중학교 수학을 가르치고 고등학교 수준의 영어 단어를 외우도록 한다.

게임에 참여하는 플레이어들이 협력자가 아닌 경쟁자면 정보가 공개되고 일회성 게임이 반복게임으로 시스템이 바뀌어도 죄인의 딜레마는 쉽게 해결되지 않는 구조적인 문제도 있다.

이런 나라에서 부모들이 아이를 마구 놀리며 창의성을 키울 생각을 할 수 있을까? 자식이 잡스처럼 공부는 안 하고 잡동사니나 팔러 다니며 환각제에 빠져 여자친구와 동거한다면 우리나라 부모들은 다리 몽둥이를 부러뜨려서라도 수학공식을 외우라고 할 게다. 그래야 선생님이나 공무원이 될 수 있기 때문이다. 우리나라는 maxmin 전략이 제일인 곳이다.

이 악순환의 고리를 끊기 위해서는 경쟁의 구도를 바꾸어 놓아야만 한다. 외고에 들어가서 의사, 판사, 공무원, 선생님이 되는 것(maxmin)만이 최고가 아니라 공대에 가서 탐험가가 되고 벤처사업가가 되며 운동선수가 될 수 있는 사회가 되어야 한다. 즉 maxmax 전략을 추구할 수 있는 사회적인 분위기와 환경이 조성되어야 한다.

그렇지 않으면 우리는 론 웨인의 처지로 전락할지도 모른다. 그는 800달러 투자로 애플 지분 10%를 확보했지만 회사 설립 10여일 만에 주식을 포기하고 말았다. 재산을 가진 이가 자기 밖에 없는데 회사가 잘못될 경우 자기 재산이 축날까봐 두려워서였다. 우리의 연대보증제도가 떠오른다. 그의 maxmin 전략 때문에 웨인은 억만장자가 될 기회를 잃어버렸다.

| 벤처 캐피털리스트 |

경제성장으로 우리사회가 고도화되고 성장률이 정체하면서 모두가 원하는 꿈의 직장이 줄어들고 있다. 우리 아이들은 그 바늘구멍을 찾아 들어가느라 아침부터 저녁까지 뛰어다닌다. 개인적으로는 maxmin 전략이 유효할지 모르나 사회적으로는 망국으로 가는 지름길이다. 모두가 안정적이고 쉬운 직장을 구하려고 하면 모두가 패자가 되는 lose-lose 게임이 될 수밖에 없고 사회는 활력을 잃고 노쇠해질 것이다.

우리 사회도 이미 그런 조짐을 보이고 있다. 무엇보다 젊은 사람들이 모험을 할 수 있는 사회적 분위기가 조성되어야 한다.

과감히 벤처에 투자할 수 있고 실패하더라도 사회가 감싸 안을 수 있는 제도적 장치들이 마련되어야 한다.

그런 의미에서 벤처 캐피털리스트가 매우 중요하고 스티브 잡스의 인생과 애플의 성공이 주는 가장 큰 교훈 중에 하나가 바로 그 점이다. 잡스가 선견지명과 재력을 동시에 가진 마이크 마쿨라를 만나지 못했다면 마약범으로 감옥을 들락거리는 인생을 살았을 수도 있다. 마쿨라는 잡스조차도 '그가 25만 달러를 다시 회수할 수 있을지 반신반의할 때' 3억 원에 달하는 거금을 내놓았다. 지금 가치로 따지면 10억 원이 넘는 금액이었다. 금전적 리스크를 기꺼이 감수하는 maxmax 사고 방식이 아니고서는 불가능한 일이었다.

1970년대 중반은 1998년 구글의 공동 창업자인 세르게이 브린과 래리 페이지가 앤디 백톨샤임으로부터 10만 달러를 유치했을 때와는 질적으로 다르다. 백톨샤임이 없었다 할지라도 우수한 기술력과 뛰어난 아이디어를 가졌던 이 두 스탠퍼드 대학생들은 투자자를 찾을 수 있었을 것이라고 생각한다. 하지만 잡스가 활약했던 1970년대는 달랐다.

마쿨라 같은 선각자가 있었기에 잡스와 애플이 성공했을 뿐 아니라 현재 미국의 벤처캐피털리스트 시스템도 갖추어지게 되었고 벤처 생태계가 완성될 수 있었다. 그리고 거의 대부분의 미국발 혁신이 실리콘 밸리의 많은 벤처에서 일어나고 있다.

우리도 벤처 생태계를 만들어야 한다. 과거와 같이 정부가 일방적으로 돈을 퍼주는 형태가 아니라 하나의 산업으로서 성숙하게 만들어 성공적 벤처의 수립을 유도하는 형태가 되어야 한다.

또한 젊은 친구들이 벤처를 하다가 실패해도 다시 재기할 수 있는 길을 터주고 사회적 안전망을 확충할 필요가 있다. 교원, 공무원, 군인 등 일부 직업군에 지나치게 여유로운 연금 제도를 운영할 게 아니라 그 재원을 활용해 '패기에 찬 루저들'을 보듬고 다시 일으켜 줄 수 있는 시스템을 구축해야 한다. 은행 대출에서 개인재산을 채무변제에 사용하는 연대보증제도는 더욱 빨리 퇴장시키고 임대료나 임대기간 선정은 임대인 위주로 바꿔야 한다. 그렇게 해야만 점점 maxmax 전략을 선택하는 사람들이 늘어날 것이고 우리나라에 혁신이 돌아오게 된다.

이 점은 클레이턴 크리스텐슨도 지적한 사항이다. 그는 2000년대 후반 국내 언론과의 인터뷰에서 미국과 대만은 청년 실업이 어느 정도 사회에 기여하고 있다고 지적했다. 다수의 젊은 친구들이 교란적 기술을 기반으로 벤처 기업을 세우고 이런 노력이 경제발전의 밑거름으로 작용한다고 보았다.

젊은 기업가들이 현재는 열등한 저마진 기술에 투자하지만 바로 그런 시도 속에서 교란적인 기술이 나오고 미래 표준이 발견되는 것이다. 그는 미국과 대만의 젊은 실업자들이 우호적 사회 분위기 속에 그런 기술에 매진한다고 했다.

반면 우리나라는 그렇지 못하다는 것이 크리스텐슨의 지적이었다. 당장 실패하면 재기하기 힘드니 절대 실패하지 않는 직업을 찾는 maxmin 전략을 추구할 뿐이다. 일본이 잃어버린 20년을 맞이한 이유도 동일하다.

03_ 스티브 잡스의 코드

프롤로그에서 스티브 잡스의 코드라고 명명하고 여섯 가지 질문을 던진 바 있다. 이 질문들은 잡스가 읽은 서적을 따라가며 내 스스로에게 묻고 해답을 찾기위해 노력했던 사항들이었다. 나름대로 결론을 정리해 보았다. 혹시 억지로 끼워맞추고 있는 것은 아닌지 되돌아 보기도 했는데 에피소드 하나가 마음 속에 큰 돌멩이처럼 부담을 주고 있었다.

한때 애플의 한입 베어먹은 무지개 색깔 사과 로고가 컴퓨터의 아버지로 불리는 앨런 튜링(Alan Turing)에 대한 경의라는 추측이 회자된 적이 있었다. 그가 42세의 나이에 독이 든 사과를 먹고 자살했기 때문이다. 컴퓨터 회사 로고에 컴퓨터의 아버지와 관련된 이미지를 넣는다, 훌륭한 아이디어다. 특히 튜링은 천재이자 영국인이었다. 둘 다 잡스가 좋아했던 범주다(잡스는 일본에 대한 애착만큼이나 영국에 대한 좋은 감정을 가지고 있었다).

튜링이 평생 집착했던 화두는 '기계가 영혼을 가질 수 있는가?' 하는 것이었다. 애플 로고의 탄생 비화를 끼워맞추기 얼마나 좋은 이야기인가?

하지만 아이작슨이 잡스에게 문의했을 때 그는 "내가 그런 사실까지 염두에 두었더라면 좋았을 테지만 그러지는 않았다"고 밝혔다. 실제 초창기 애플의 레인보우 애플 로고는 레지스 매케나 아래에서 근무했던 롭 자노프가 준비한 시안 중 하나였다. 튜링의 사과 타령은 그저 재담꾼들의 입방아질일 뿐 잡스는 완전한 사과 로고가 체리처럼 보일까봐 한입 베어 먹은 사과 그림을 택한 것일 뿐이었다는 것이다.

나는 스티브 잡스의 코드 또한 튜링의 사과가 되지 않을까 하는 걱정을 뒤로하고 그의 사상을 추적했다. 하지만 '튜링의 사과'라는 비판을 받지 않을까하는 두려움이 쉽게 사라지지 않는 것도 사실이었다.

| 잡스는 왜 회사 이름을 애플이라고 지었을까? |

잡스는 사과를 좋아해 회사 이름을 Apple로 지었다. 2000년대 아이폰과 아이패드가 대박을 친 건 순전히 애플리케이션 덕분이었는데 애플이 이를 줄여 App으로 부른 것도 재미있다. 잡스와 사과는 어떤 관계일까?

잡스가 심취했던 동양종교 서적들은 에덴동산과 아담·이브에 대한 재해석과 이를 모티브로 한 풍부한 알레고리를 제공한다. 특히 『우주의식』은 에덴동산에서 아담과 이브가 선악과를 먹은 행위가 인류의 의식을 한 단계 진화시키는 거대한 계기로 작용했다고 단언한다.

잡스가 회사명을 애플로 지은 것은 그가 밝힌 것처럼 잡스가 과일 위주, 특히 사과 위주의 다이어트에 집착했고 사명을 정하기 전에 사과농장(All One Farm)에 다녀 온 것도 어느 정도 작용했을 것이다. 하지만 근본적으로 더 중요한 점은 사과가 잡스에게 특별한 과일이었다는 점이다. 사과가 잡스에게 특별하지 않았다면 그가 농장을 갔다 왔든, 스펠링이 아타리보다 앞섰든 간에 회사 이름으로 과일을 택하진 않았을 게다.

사과가 잡스에게 특별했던 이유를 아담·이브·에덴 동산과 연관시킬 수밖에 없다. 그는 어렸을 때 기독교를 떠났지만 포괄적인 동양종교, 특히 힌두교의 분위기 속에 아담과 이브 그리고 에덴에 대해 새로이 긍정적인 관점을 갖게 되었을 것이다. 그래서 그의 막내딸 이름도 이브가 아니었던가?

이를 유추케 하는 몇가지 정황들이 있다. 잡스가 사명을 정하기 직전 방문했던 사과농장(All One Farm)에서 읽었다는 『디톡스 식습관의 치유 체계』의 저자 아르놀트 에렛은 과일만으로 이루어진 식단을 지키는 것은 에덴동산으로 돌아가는 길이라고 주장했다. 에렛에게 에덴동산은 과일농장이었다. 1984년 뉴스위크지와의 인터뷰에서 잡스는 실리콘 밸리가 지금은 아스팔트와 콘크리트로 뒤덮힌 곳이 되었지만 자신이 어렸을 때는 에덴동산이었다고 말한 바 있다. 에덴동산은 잡스의 가슴 한켠에 특별한 의미로 자리잡고 있었음을 방증한다. 기독교와 창세기에 대한 부정적인 인식이 포용적인 동양종교를 통해 치유되지 않았다면 불가능한 발상법이다.

사실 스티브 잡스의 코드 중에서 회사 이름을 애플이라고 지은 것에 대해 이것저것 갖다 붙여 튜링의 사과가 되지 않을까 하는 점이 제일 염려스러웠다. 하지만 그가 1985년 플레이보이지와의 인터뷰에서 밝힌 소회와 막내딸 이름을 보며, 그가 『우주의식』과 에덴동산·사과 알레고리에 큰 영향을 받았다는 나름의 결론을 내렸다. 요컨대 잡스는 그저 사과를 좋아해서 사명을 애플이라고 지었을 수도 있다. 하지만 그가 사과를 좋아하게 된 이유와 사명을 정하는데 자신이 좋아하는 과일을 떠올린 이유 뒤에는 그가 읽었던 서적들이 큰 영향을 미쳤다.

사족 한 가지. 그렇다면 사과나무 밑에서 아이작 뉴턴이 책을 읽고 있는 애플의 초기 로고는 무엇일까? 그 그림은 공동 창업자 론 웨인이 만든 것으로 그가 떠난 후 머지않아 폐기되었다. 뉴턴은 잡스의 인생과 큰 인연이 없었다. '뉴턴의 사과'와 '잡스의 사과'는 상이한 의미였다.

| 잡스는 왜 막내 딸 이름을 이브라고 지었을까? |

잡스의 잠재의식 속에 사과가 특별했다면, 혹은 『우주의식』의 저자 벅이 주장한대로 선악과를 먹는 행위가 인류의식의 거대한 진화를 촉진했다고 믿었다면 같은 논리로 잡스는 이브에 대해 특별할 수밖에 없었을 것이고 그의 막내딸 이름을 이브로 지은 것도 하등 이상하지 않다.

이브에 대해서는 다른 해석도 가능하다. 잡스는 이브가 태어날 때를 전후해서 애플을 되찾는다. 막내딸이 자신에게 애플(사과)을 건네준 은인으로 생각하고 사명을 애플로 정했을 수도 있다.

마지막 가능성은 모나 심슨이 오빠인 잡스의 인생을 생생하게 묘사해 놓은 소설 『보통 남자』에 나오는 주인공 톰 오웬스(스티브 잡스)가 제너시스(창세기)를 세우고 결혼한 이가 이브 파커(로렌 파월)라는 점이다. 잡스는 막내 딸 이름을 이브로 지으면서 자신의 자랑스러운 친동생과 현명하고 지혜로운 반려자인 아내에게 동시에 경의를 표할 수 있었을 것이다.

| 잡스가 산책에 그렇게 집착한 이유가 뭘까? |

잡스가 주로 섭렵한 동양종교 서적은 죄다 소식·채식을 강조하는 한편 산책·호흡의 중요성에 지면을 아끼지 않는다. 인간 에너지의 근원은 음식이 아니라 태양 에너지와 공기, 그리고 물이다. 특히 잡스가 신봉했던 아르놀트 에렛은 인간 신체를 음식이 아니라 공기로 움직이는 기관으로 파악했다. 허파가 우리 몸의 엔진이고 심장은 밸브일 뿐이다.

공기와 물이 원료가 되며 태양 에너지는 조미료다. 음식을 먹으려면 태양의 결실, 즉 과일이나 푸른잎 채소만을 섭취해야 하고 나머지 음식은 모두 독성일 뿐이다.

따라서 잡스에게 산책은 운동이 아니라 식사다. 스탠퍼드의 맑은 공기는 가장 좋은 음식이었다. 비즈니스를 할 때나 중요한 결정을 할 때 남들은 오찬이나 만찬 모임을 가지며 논의하는 것과 마찬가지로 잡스는 산책을 했다.

잡스 입장에서 한 손에 물병을 들고 깨끗한 공기와 태양을 받으며 걷는 것은 다른 사람들이 성찬을 즐기는 것과 마찬가지였다.

그는 1995년 스미소니언 연구소와의 인터뷰에서 옛날 실리콘 밸리가 천국 같았다고 회고했고 그 이유로 든 것이 크리스탈처럼 깨끗한 (crystal-clear) 공기였다.

| 잡스가 췌장암 판정을 받고도 바로 수술을 받지 않은 이유가 뭘까? |

잡스는 2003년 췌장암 판정을 받고도 9개월 동안이나 절제술을 받지 않았다. 잡스나 아내 로렌은 "절개할 각오가 되어 있지 않다"고 했지만 사실 잡스의 사고는 아르놀트 에렛의 이론에 좌우되고 있었을 가능성이 높다. 에렛은 모든 병의 근원은 점액질(mucus)이 우리 몸의 튜브를 막아서 생기는 것이고 이를 해결하기 위해서는 단식과 점액질 없는 음식을 통해 이 막힘을 뚫어야만 한다고 주장했다.

수술을 통해서 점액질을 없앨 수는 없다. 약물도 무용지물이다. 잡스가 대안적으로 시도한 치료법은 주로 신선한 당근과 과일 주스로 구성된 엄격한 채식 위주의 식단을 고수하고 침술과 다양한 약초 요법을 병행한 것이었다. 에렛의 충고를 따랐다.

2008년 암이 재발했을 때도 마찬가지다. 췌장과 다른 장기의 일부가 절개된 상황에서 의사들은 단백질과 지방이 거의 없는 사과나 당근 대신 달걀과 같은 고단백 음식을 권했지만 잡스는 의사의 충고를 따르지 않았다. 달걀은 에렛이 점액질 식품 대표주자라고 배척했던 음식이다.

그는 체중이 줄어들면서도 너무 늦었다는 것을 알기 전까지는 점액질이 해소되어 자연치유되고 있다고 여기고 있을런지도 모를 일이다.

그래서 아내 로렌은 마지막 순간까지 에렛을 원망했다. 그녀는 에렛이 56세에 바닥에 머리를 부딪혀 죽었다고 잡스에게 투덜거렸고 잡스 또한 56세에 운명을 달리한다.

| 잡스는 왜 씻지 않아도 냄새가 나지 않는다고 생각했을까? |

리드에서 1년 6개월 동안을 보내고 1974년 초 집으로 돌아온 잡스는 아타리에 입사했지만 몸에서 나는 악취 때문에 남들이 다 퇴근한 후인 야간 시간에만 근무할 수 있었다.

아이작슨은 그가 과일 위주의 채식주의 식습관이 점액질과 체취를 막아 준다고 믿고 있었기 때문에 체취 제거제를 쓸 필요도, 정기적으로 샤워를 할 필요도 없다고 생각했다고 전한다. 실제 잡스는 이런 생활 습관을 오랫동안 견지했다. 인도에 가서는 말할 나위도 없고 미국으로 돌아와 애플을 세운 후에도 상당기간 동안 그의 악취는 민감한 문제로 작용했다.

『스티브 잡스』를 읽으면서 본능적으로 이 부분은 잡스가 『디톡스 식습관의 치유 체계』의 영향을 받았으리라고 느끼고 책을 열심히 팠지만 허사였다. 에렛은 『디톡스 식습관의 치유 체계』를 통해 뭔가 비슷한 힌트와 뉘앙스를 제공하지만 체취에 대한 명확한 표현이나 확실한 결론을 내리진 않았다.

혹시 잡스가 자기 편한 대로 갖다 붙인 것은 아닐까? 그러다 에렛의 다른 저서 『이성적인 단식』을 접하게 되었다. 잡스가 탐독했는지에 대한 확신이 없었지만 잡스가 에렛에게 그토록 큰 영향을 받은 만큼 그의 다른 저서도 읽었으리라고 생각했다.

에렛은 매우 얇은 책자인 『이성적인 단식』에서 그가 『디톡스 식습관의 치유 체계』에서 내놓은 주장들을 견지하고 어떤 부분에서는 좀더 과격한 논리를 펼쳤다.

점액질이 없는 완벽한 몸은 상처가 나도 피가 잘 나지 않는다고 믿고 스스로 자해를 해보기도 하고 암의 원인도 명시적으로 점액질 때문이라고 주장하며 육류와 주류를 가장 큰 문제점으로 지적했다.

에렛은 점액질이 갖가지 질병뿐 아니라 기억력 감퇴, 노화, 탈모, 머리카락의 변색을 유발한다고 주장하며 자신의 가르침을 따를 경우 청춘이나 아름다움을 오랫동안 지속시킬 수 있다고 했다. 신체의 주된 에너지원은 음식이 아니라 태양과 공기라는 그의 입장도 계속되는데 어떤 종류의 쐐기벌레는 공기호흡만으로 체중이 늘었다는 연구를 인용한다.

에렛은 자신이 점액질이 없기 때문에 콧물도 나지 않고 그래서 손수건이 필요 없다고 주장했다. 그리고 점액질이 없는 몸은 향기로운 호흡을 하고 머리에서도 아름다운 냄새가 난다고 했다. 빙고! 씻지 않아도 된다는 잡스의 생각은 『이성적인 단식』에서 따왔다.

에렛은 머리카락이 빠지거나 수염을 깎은 사람을 경멸하다시피 했다. 머리카락과 수염은 신이 인간에게 준 아름다움의 대명사라고 생각했기 때문이다. 그래서 잡스는 머리와 수염을 기르고 샤워도 하지 않았던 것이 아닐까?

| 잡스가 죽음의 순간 무엇을 보았길래 '우와(oh-wow)'라고 세 번 외쳤을까? |

잡스의 임종을 지킨 이들은 아내 로렌, 리사를 포함한 4자녀, 폴 잡스 부부가 입양한 여동생 패티, 잡스의 친동생 모나 심슨 정도였다. 심슨에 따르면 가쁜 숨을 몰아쉬던 잡스는 마치 높고 가파른 길을 올라가는 것처럼 힘들어 보였다고 한다.

잡스는 떠나기 직전 패티를 응시하고 아이들과 오랫동안 눈길을 맞추고 로렌을 바라 본 후 그들의 어깨 너머를 보며 '우와(oh-wow)'를 세 번 외쳤다.

빌 게이츠는 대화 중에 'wow'라는 말을 자주 쓰는 편이지만 잡스는 평소 'wow'와 같은 감탄사를 남발하는 스타일이 아니다. 자신이 자랑스러워하는 제품을 설명할 때 감정적 단어(incredible, awesome, wonderful, phenomenal 등)를 빈번하게 사용했지만 인터뷰나 대화 도중에 'wow'라는 표현을 쓴 경우는 극히 드물었다.

특히나 그가 'oh-wow'라고 말한 경우는 손에 꼽는데 그중 하나가 1990년 WGBH와의 인터뷰에서였다. 질문자가 1984년 주주총회에서 매킨토시를 발표할 때 느낌이 어땠냐고 물었을 때다.

매킨토시는 잡스가 자랑스러워하는 그의 첫번째 작품이다. 애플II는 그의 동업자 워즈니악의 자식이지만 매킨토시는 잡스의 창조물이었고 그가 평생을 두고 자랑스러워한 제품이었다. 그런 애정어린 제품을 회상했을 때 자신도 모르게 무심코 튀어나온 감탄사가 'oh-wow'였다. 그런 잡스가 죽기 전에 그 표현을 세 번이나 연속했을 정도라면 그는 엄청난 것을 봤을 게다.

그가 무엇을 보았는지에 대한 논란도 많았고 사실 확인할 길도 없다. 그것은 로렌이나 심슨도 알 방도가 없다. 다만 확실한 점은 숨을 멎기 직전 그는 무엇인가 대단한 것을 보았거나 느꼈으리라는 것이다. 인도순례나 선수행을 통해 추구했던 목표, 우주적인 에테르의 실체, 사후 세계에 대한 이미지 정도는 되어야 고통스러운 순간의 잡스에게 '와우'를 세 번이나 연발케 할 수 있었을 것이다. 아니면 매킨토시·아이팟·아이폰이 동시에 손을 잡고 춤을 추는 환상을 보았던지…….

잡스가 읽었던 책을 따라가며 작은 실마리라도 찾길 바랐지만 전혀 발견할 수 없었다. 한 가지 생각나는 것은 잡스가 영웅으로 생각했던 토마스 에디슨이 죽기 직전 가까스로 정신을 차렸을 때 던졌다는 수수께끼 같은 말이다.

"그곳은 매우 아름다웠어!"

자동차

스티브 잡스는 자동차를 매우 사랑했다. 애플 제품 디자인을 자동차에 비교하기도 했고 실제로 만년에는 직접 자동차를 설계하고 디자인하는 일까지 고민했다. 무엇이든 첫 번째는 소중하다. 첫사랑, 첫만남, 첫눈 등……. 자동차도 태어나서 제일 처음 소유한 것이 특별하다. 어딘가 좀 부족하고 모자라도 애정이 가기 마련이다.

잡스의 첫 차는 15살 때 아버지의 도움으로 구입한 두 가지 색조의 경차인 내시 메트로폴리탄이었다. 당시 그는 그 차를 탐탁치 않게 생각했지만 첫 번째라는 특별함은 간직했다.

그는 1년 후 각종 아르바이트로 돈을 모아 빨간색 피아트 850 쿠페를 구입했다. 잡스도 아르바이트라면 이력이 난 경우다. HP에서 일한 경험에서부터 신문배달을 한 경험도 있다. 그가 구입했던 피아트는 그다지 성능이 좋지 않았나 보다. 길을 가던 도중에 차량에 불이 붙고 만 것이다. 아버지와 관계가 좋지 않은 상황이었지만 폴 잡스는 기꺼이 견인 서비스를 제공해 주었다.

젊었을 때 잡스는 포드 사에서 나온 2인승 픽업트럭 란체로를 몰기도 했다. 우리나라 픽업트럭처럼 차체가 높은 게 아니라 승용차 차체와 뒷자석과 트렁크 부분을 짐을 실을 수 있도록 개조된 형태였다.

1975년 잡스는 폭스바겐 미니밴을 소유하고 있었다. 그는 그 차를 팔았고 스티브 워즈니악은 전자계산기를 팔아 애플 컴퓨터에 필요한 최초의 자금을 마련했다.

하지만 폭스바겐에 대한 잡스의 인식은 그닥 좋지 않았다. 그는 1998년 포춘지와의 인터뷰에서 한 이웃이 폭스바겐 버그를 포르쉐처럼 만들려고 한 일화를 소개한 적이 있는데 요지는 호박(폭스바겐)에 아무리 줄을 그어도 수박(포르쉐) 되지 않는다는 거였다. 실제 그는 포르쉐를 사랑했다. 애플II와 기업 공개로 대박이 난 1980년대 초 그의 애마가 포르쉐 928이었고 그 차는 매킨토시의 디자인에 영감을 주었다고 한다. 자동차를 비유한 논쟁에서도 잡스는 매킨토시가 포르쉐 같아야 한다고 말하기도 했다.

나중 넥스트를 설립하고 제품인 큐브를 개발할 때도 컴퓨터 계의 검은 포르쉐라고 불러 포르쉐에 대한 변함없는 애정을 표시했다. 실제 넥스트 시절에도 포르쉐를 애용했다.

재미있는 사실은 포르쉐를 세웠던 페르디난트 포르쉐가 폭스바겐 출신이라는 점이다. 포르쉐는 2000년대 중후반 자신보다 훨씬 덩치가 큰 폭스바겐을 인수하려고 시도한 적도 있다. 포르쉐를 최고로 보고 폭스바겐은 이류로 여겼던 잡스에겐 이런 움직임이 의아했을 거다. 그의 눈에는 애플이 IBM을 인수하려는 시도와 비슷하게 보였을 터니 말이다.

잡스의 마지막 차는 2007년형 은색 메르세데스-벤츠 SL55 AMG였다. 이 차종은 2001년 처음 독일에서 생산되기 시작해 2007년까지 20,000대 이상이 팔렸으며 미국에서만 약 10,000대 정도가 판매되었다. 가격은 약 20만 달러 정도였다. 잡스가 구입할 당시 부유층 사이에서 꽤나 인기가 많았다고 한다. 오픈카 기능을 가진 2인승 차량이고 지붕을 닫으면 일반인들이 오픈카인지 구분할 수 없을 정도로 지붕 차체가 튼튼하다.

그는 벤츠를 번호판 없이 타고 다닌 것으로 유명하다. 번호판을 보고 사람들이 집으로 쫓아오는 게 싫었다는 것이 공식 이유였지만 본인도 말했듯이 구글 맵스로 자신의 집이 노출되어 있는데 무슨 상관인가? 그래서 그도 그냥 번호판을 원치 않는다고만 했다.

잡스는 빠르고 강력한 차를 좋아했고 본인이 직접 운전했다. 운전 솜씨도 괜찮았던 모양이다. 잡스의 인생을 빗댄 동생 모나 심슨의 소설 『보통 남자』에 나오는 제인(리사)은 운전 솜씨가 뛰어난 아버지 차를 타는 것을 좋아했다. 리사 본인도 현실과 똑같은 설정이라고 밝힌 사실이다.

잡스는 자신이 직접 차량을 디자인해서 제작하는 것까지 고려했던 모양이다. 소위 말하는 아이카(iCar)다. MP3플레이어나 휴대폰도 시중에 나와 있는 제품 중에 마음에 드는 게 없어 직접 만들었을 정도니 차량도 마찬가지였을 게다.

그가 설계한 아이카는 어땠을까? 아마 아이팟에서부터 시작해 아이폰과 아이패드로 이어지는 순백색 전통을 이어가며 쑥 잘빠진 녀석이 나왔을 게다. 하지만 잡스가 없는 애플이 그런 아이카를 내놓을 것 같지는 않다. 갑자기 잡스가 그리워지는 이유는 뭘까?

Index

고분 치노	32, 142
그래픽 유저 인터페이스	106, 162, 166, 185
대니얼 콧키	22, 29, 75, 87, 92
디즈니	28, 31, 62, 137
디톡스 식습관의 치유 체계	22, 105, 114, 123, 128, 200, 205
래리 엘리슨	61
로렌 파월	17, 28, 108, 136, 176, 202
론 웨인	195, 201
리드 대학교	21, 49, 61, 75, 77, 130, 180
리드 잡스	29, 62, 65, 103, 106, 141, 175
리사 브레넌 잡스	16, 29, 106, 137, 207
리어왕	21, 37, 41, 50, 57
리차드 모리스 벅	91, 96, 128
리차드 앨퍼트(람 다스)	79, 81, 138
마이크 마쿨라	27, 196
마이클 아이즈너	31
매킨토시	24, 62, 103, 134, 162, 176, 180, 185, 208
모나 심슨	24, 106, 136, 143, 202, 207
모비딕	21, 36, 42, 50, 120
밥 딜런	29, 64, 182
보통 남자	24, 106, 136, 202
빌 게이츠	30, 61, 151, 187, 188, 207
선심초심	22, 89
소크라테스	93, 184
스즈키 순류	76, 87
스튜어드 브랜드	65, 107, 182
스티브 워즈니악	15, 17, 27, 62, 187, 193, 208
아르놀트 에렛	100, 105, 127, 200, 203
아이콘	23, 176
아이팟	17 24, 54, 165, 170, 184, 208
아이패드	17, 24, 85, 165, 169, 186, 199
아이폰	17,24, 63, 169, 186, 208
앤디 그로버	151, 159

앨비 레이 스미스	16, 62
어느 요가 수행자의 자서전	21, 75, 98, 132, 138
에드윈 랜드	61, 92
에린 잡스	107, 141
우주의식	21, 75, 91, 98, 105, 128, 201
월터 아이작슨	15, 23, 36, 53, 61, 72, 91, 99, 108, 131, 141, 170, 199, 205
월트 휘트먼	94, 97
윌리엄 셰익스피어	37, 41, 44, 50
이모진 힐	26
이브 잡스	19, 30, 95, 106, 130, 134, 205
이성적인 단식	22, 123, 129, 130, 134, 205
인사이드 애플	23, 63, 163
작은 지구를 위한 식습관	22, 61, 77, 114, 116, 131
조니 아이브	30, 54, 58
조지 루카스	32
존 래스터	28, 58
존 스컬리	28, 137, 161
지금 이곳에 존재하라	21, 75, 98, 105, 138
초감 트룽파	21
크리스앤 브레넌	106, 136
클레이턴 크리스텐슨	120, 148, 182, 197
텔 아비에 테바니언	31
토마스 에디슨	17, 208
토이 스토리	28, 101
팀 쿡	31, 59, 136, 174, 176
파라마한사 요가난다	81
폴 잡스	26, 61, 207
프랜시스 무어 라페	61, 116, 119
플라톤	36, 70, 173
픽사	16, 28, 58, 62, 137, 180
허먼 멜빌	36, 42, 49
혁신 기업의 딜레마	22, 120, 147, 183
호울 어쓰 카탈로그	65, 107, 182

참고 문헌

- Steve Jobs, Waiter Isaacson, Little, Brown
- 스티브 잡스, 월터 아이작슨, 안진환 옮김, 민음사
- Be Here Now, Ram Dass, Random House
- Autobiography of a Yogi, Paramhansa, Yogananda, Philosophical Library
- Four Great Tragedies, William Shakespeare, Signet Classic
- 셰익스피어 4대 비극, 윌리엄 셰익스피어, 정홍택 옮김, 소담출판사
- Moby Dick, Herman Melville, Bantam Books
- Cosmic Consciousness, Richard Maurice Bucke, Dover Publications
- Zen Mind Beginner's Mind, Shunryu Suzuki, Shambhala
- Cutting Through Spiritual Materialism, Shambhala
- A Regular Guy, Mona Simpson, Vintage Books
- Anywhere But Here, Mona Simpson, Vintage
- From Socrates to Sartre, T. Z. Lavine, Bantam Books
- 강한 자가 아니라 적응하는 자가 살아남는다, 김진백, 성안당
- 이건희의 서재, 안상헌, 책비
- 경제학자의 인문학 서재, 김훈민, 박정호, 한빛비즈
- Rational Fasting, Arnold Ehret, Ehret Literature Publishing
- Mucusless Diet Healing System, Arnold Ehret, Benedict Lust Publications
- Diet for a Small Planet, Francis Moore Lappe, Ballantine Books
- Hope's Edge, Francis Moore Lappe and Anna Lappe, Penguin
- The Innovator's Dilemma, Clayton Christensen, Harper Business
- iCon, Jeffrey S. Young, William L. Simon, John Wiley & Sons
- Inside Steve's Brain, Leander Kahney, Portfolio
- Inside Apple, Adam Lashinsky, Business Plus
- I, Steve, George Beahm, Agate Imprint
- www.allaboutstevejobs.com